# CHINA

# Küchen der Welt

# CHINA

Xiao Hui Wang / Cornelia Schinharl

Originalrezepte und Interessantes
über Land und Leute
Rezeptfotos: Michael Brauner

Gemeinschaft Unabhängiger Staaten

Afghani-stan

Mongolei

Heilongjiang

Jilin

Liaoning

Nord-korea

Süd-korea

Japan

Xingjang

Innere Mongolei

Peking

Tianjin

Hebei

Shanxi

Shan-dong

Qinghai

Ningxia

Gansu

Gelber Fluß

Huang He

Gelber Fluß

Tibet

Nepal

Bhutan

Indien

Bangla-desch

Burma

Shaanxi

Henan

Jiangsu

Sichuan

Chang Jiang

Hubei

Anhui

Shanghai

Yangtse

Yangtse

Zhejiang

Hunan

Jiangxi

Guizhou

Fujian

Taiwan

Yunnan

Guangxi

Guangdong

Kanton-Stadt (Guangzhou)

Hong Kong

Vietnam

Laos

Thai-land

Hainan

Philippinen

# INHALT

# CHINA: ERLEBEN UND GENIESSEN

Kommt ein Reisender nach China und sieht die große Mauer nicht, so ist das bedauerlich, kommt er aber nach Peking und ißt keine Peking-Ente, dann hat er wirklich etwas versäumt. Dieses Sprichwort vermittelt eine Vorstellung davon, wie sehr die Chinesen ihre

Küche schätzen. Nicht nur die Größe des Landes mit seinen verschiedenen Landwirtschaftsformen, den unterschiedlichen Produkten und zahlreichen Volksgruppen mit eigenständigen kulinarischen Traditionen hat die chinesische Küche so vielfältig und beliebt gemacht. Mit ihrem Einfallsreichtum haben es die Menschen zudem verstanden, aus den einfachsten Zutaten die abwechslungsreichsten Gerichte zu zaubern. Daneben ist es vor allem auch die lebensfrohe Mentalität der Chinesen, die gutes Essen in den Mittelpunkt des Lebens stellt. »Peng Tiao« sind die chinesischen Wörter für Kochen, wobei diese zwei Schriftzeichen viel mehr sagen als der deutsche Ausdruck. Peng bedeutet schlicht »garen«, im Sinne von nicht mehr roh essen, während »Tiao« sich mit den Begriffen »würzen« und »verfeinern« recht gut übersetzen läßt. Um an den Anfang der Kochgeschichte Chinas zu gelangen, müssen wir in die Zeit des Peking-Menschen zurückgehen, der vor rund 300.000 Jahren lebte und schon die Vorzüge des »Peng« erkannt hatte. Bereits im 2. Jahrtausend vor Christus hatten die Menschen die verschiedensten Sorten von Kochgeschirr aus Bronze entwickelt. In diese Zeit fällt auch die Entdeckung des »Tiao«. Damit war der Grundstein für die Entwicklung der Kochkunst in China gelegt. Die Köche dieser langvergangenen Zeit verwendeten übrigens schon Öl, Salz, Zucker, Ingwer und Reiswein – Ingredienzen, die aus der heutigen chinesischen Küche nicht wegzudenken sind. Auf Bildern aus Gräbern der Han-Dynastie kann man sehen, daß schon 200 Jahre vor unserer Zeitrechnung unglaublich üppige Festbankette gefeiert wurden.

In dieser Periode entstanden auch die ersten Kochbücher auf Bambus. In alten Zeiten war ein Festessen weit mehr als die bloße Verköstigung der Gäste. Zwischen den unzähligen Gängen wurden Wettbewerbe im Gedichte-Schreiben abgehalten und Gesellschaftsspiele gespielt – kurz, die Menschen unterhielten sich, vergnügten sich und tranken Reiswein oder Reisschnaps. Das Essen dauerte dementsprechend lange, dafür waren die einzelnen Gänge leicht und gut verträglich. Sie spiegelten auch das Yin-Yang-Prinzip wider, demgemäß das Essen ausgeglichen und nie langweilig sein soll: Die ganze spannende Vielfalt der Genüsse muß erhalten bleiben und auch nach 10–12 Gängen soll es noch schmecken.

Dieses Buch möchte Ihnen die Möglichkeit geben, die echte, unverfälschte chinesische Küche kennen- und lieben zu lernen. Das erste Kapitel bringt Ihnen China und seine Bewohner näher. Dann folgen Original-Rezepte in der chinesischen Speisenfolge. Durch die praktischen Schritt-für-Schritt-Anleitungen sind sie für jeden leicht nachzukochen. Ergänzt werden die Rezepte durch Informationen, Tips und interessante Reportagen über typische Produkte des Landes. Die Vorschläge zur Kombination der passenden Gerichte sollen helfen, für verschiedene Gelegenheiten das richtige Familien- oder Festessen zusammenzustellen. Das Glossar erklärt Ihnen wichtige Begriffe und Zutaten der chinesischen Küche, das Rezept- und Sachregister hilft Ihnen, die Rezepte zu finden. Lassen Sie sich von diesem Buch entführen ins Reich der Mitte und lassen Sie sich begeistern von der hohen Kunst des »Peng Tiao«.

# LAND & LEUTE
# LADEN EIN ...

China – von seinen Bewohnern Land der Mitte genannt – hat gewaltige Dimensionen. Etwa so groß wie Europa, ist es in 23 Provinzen, drei Stadtregionen und fünf autonome Gebiete für die nationalen Minderheiten gegliedert. China beherbergt über eine Milliarde Menschen, deren Gebräuche und Sitten, Wesen und äußeres Erscheinungsbild so verschieden sein können wie in Europa etwa die eines Italieners und eines Norwegers. Neben den Han (90% der Bevölkerung) gibt es noch rund 60 andere Völker. Auch die einzelnen Dialekte sind teilweise so unterschiedlich, daß sich die Menschen oft nur mit Hilfe der geschriebenen Sprache verständigen können.

Trotz dieser bunten Vielfalt gleichen sich die Charaktereigenschaften des chinesischen Volkes in den Grundzügen: Der bekannte Schriftsteller Lin Yütang nennt seine Landsleute zu Recht sanft, friedliebend, zurückhaltend, leidensfähig, fröhlich und humorvoll, aber auch traditionsbewußt bis konservativ. Diesen beiden eher beharrenden Eigenschaften haben wir es zu verdanken, daß die chinesische Küche bis heute sehr traditionell und unverfälscht geblieben ist.

Was die Kochkunst betrifft, haben alle Chinesen übrigens eines gemeinsam: Kochen und Essen sind für sie ein Stück Lebensart, deren Bedeutung sich schon an einer chinesischen Begrüßung ablesen läßt: In einigen Gegenden wird ein Besucher mit der Frage »Chi fan le ma?« – »Hast du schon gegessen?« empfangen.

Chinesen haben für andere Völker, die lediglich essen, um den Magen zu füllen, nur ein mildes Lächeln übrig, denn aus Liebe zum Essen betrachten sie selbst jedes Lebensmittel als Herausforderung und zaubern aus den einfachsten Zutaten mit bescheidenen Mitteln immer wieder neue Köstlichkeiten. Schon Marco Polo, der 17 Jahre lang dem Mongolenherrscher Kublai-Khan diente, hatte erkannt, was heute noch für die chinesische Küche zutrifft: »Keine andere Küche der Welt schenkt uns aus fast nichts so viel Glückseligkeit.«

*Der Yangtse, der größte Fluß Chinas, bildet eine natürliche Grenze zwischen dem Norden und dem Süden.*

*Kantonesen auf dem Heimweg von der Arbeit.*

## Von Nord nach Süd

Als natürliche Trennlinie schlängelt sich der »Lange Fluß« Yangtse durch das riesige Land und teilt es in Nord- und Südchina. Ganz im Nordosten, zum Beispiel in Harbin, dauert der Winter etwa fünf Monate, bei Temperaturen teilweise unter −25°. Ein Sprichwort sagt, daß dort ein Wassertropfen schon gefriert, bevor er den Boden erreicht. Der Norden ist karger, das Klima strenger, die Menschen werden geplagt von Sand- und Windstürmen, von Dürrezeiten oder Überschwemmungen des Gelben Flusses. Hier werden in erster Linie Weizen und Hirse angebaut, da es meistens nur eine Reisernte pro Jahr gibt. Die Mauern der Häuser sind dicker und die Fenster kleiner. In den sehr kalten Gebieten findet man auf dem Land noch heute das traditionelle Heizsystem, bei dem heiße Luft und Rauch vom Küchenherd mittels ver- schiedener Rohre durch die Wände und

auch unter das traditionelle Lehmbett, den Kang, geleitet wird. Tagsüber bedeckt man das Bett mit einer Bambusmatte und stellt einen Tisch darauf, nachts wird die futonähnliche Matratze darauf ausgerollt.

Ganz im Süden dagegen, wie auf der Insel Hainan, gibt es keinen richtigen Winter. Die Landschaft ist lieblicher und weicher, der Boden so fruchtbar und das Klima so angenehm, daß die Menschen hier das ganze Jahr hindurch mit reichlich frischem Obst und Gemüse gesegnet sind. Der Reisbauer kann die Ernte zwei- oder sogar dreimal jährlich einbringen. Hier im Süden liegen auch die Anbaugebiete für chinesischen Tee. Das alltägliche Leben spielt sich über- wiegend im Freien ab, zum Beispiel in den Innenhöfen, und die Architektur ist entsprechend offen gestaltet. In diesem milden Klima des Südens wurden die schönsten Gärten und Parks des Landes angelegt, die ebenfalls zum Leben im Freien einladen.

Die unterschiedlichen Lebensumstände in diesen beiden Teilen Chinas machen sich natürlich auch im Charakter der Menschen bemerkbar. Nordchinesen gelten allgemein als heiter, geradlinig und robust, Südchinesen hingegen als fein, schlau, geschäftstüchtig und sehr kontaktfreudig. Die Bewohner der südlichen Regionen interessieren sich darüber hinaus nicht so sehr für Politik, sondern wünschen sich ein unbeschwertes, angenehmes Leben. Die unterschiedlichen Lebensumstände und Gewohnheiten machen natürlich auch vor der Küchenschwelle nicht halt. Im Norden sind die Mahlzeiten eher deftig und die Menschen bevorzugen starke, wärmende Getränke, in der Regel Reisschnaps. Auch das Geschirr ist hier rustikaler, die Eß- und Trinkschalen haben einen Durchmesser von bis zu 20 cm und sind häufig aus gröberem Ton oder Keramik gefertigt. Die Chinesen im Süden lieben es edler, sie bevorzugen Reis, feinen, milden Reiswein und essen aus zierlichen, dünnen Porzellanschalen.

## Dreifacher Ursprung

Es gibt drei Gründe, die die Chinesische Küche so abwechslungsreich und phantasievoll gemacht haben, wie sie heute ist. Die materielle Not der ärmeren Bevölkerung einerseits, das Interesse von Dichtern und Gelehrten am Thema Essen andererseits und nicht zuletzt der hohe Stellenwert, den Essen am Kaiserlichen  Hofe seit über 3000 Jahren einnahm.

### Not macht erfinderisch
Der Yangtse ist zwar der größte Fluß Chinas, dem zweitgrößten, dem »Gelben Fluß« (Huang He) kommt jedoch eine wesentlich größere Bedeutung zu: Er gilt als die Wiege der chinesischen Kultur. Schon bald nach seinem Ursprung in den Schneebergen Tibets durchquert er eine Lößhochebene, durch deren Schlamm er sich gelb färbt. An seinen Ufern entstanden die ersten menschlichen Siedlungen. Er hat den Menschen viel Gutes gebracht, so hat er z.B. die Erfindung der Keramik ermöglicht und die Landwirtschaft durch sein Wasser belebt, andererseits ging von ihm auch eine große Bedrohung aus, denn er führt gewaltige Schlammassen mit sich, durch die sich sein Bett immer wieder erhöht. Heute ist der Gelbe Fluß durch Deiche und Staudämme gebändigt. In der chinesischen Vergangenheit gab es zahlreiche verehrende Überschwemmungen, und die Bevölkerung war häufig großen Hungersnöten ausgesetzt. Kein Wunder also, daß die Menschen alles Mögliche aus der Tier- und Pflanzenwelt auf

*Der Träger beugt sich unter dem Gewicht seiner Lasten.*

*Das traditionelle Tragetuch der Chinesen wurde erdacht, damit die Frauen beide Hände zum Arbeiten frei haben.*

Der berühmte liegende Buddha von Dazu (Provinz Sichuan) wurde aus dem Fels gehauen.

**An der Wand dieser typischen Sichuaner Bauernküche sieht man noch die roten Glückszeichen von Neujahr.**

seine Genießbarkeit hin überprüften und dann auch aßen, seien es nun Schlangen oder seltene Wurzeln. Mit viel Phantasie wurden aus den einfachsten Dingen leckere Gerichte gezaubert. Brennstoff war ebenfalls knapp, und so erfanden die Chinesen schnelle Garmethoden, bei denen die Zutaten kleingeschnitten und nur kurz gegart werden.

**Im Pfirsichblütenland**

Von den Intellektuellen Chinas wurde das Essen zur Kunst erhoben, denn sie aßen nicht nur gerne wohlschmeckende Gerichte, sondern sie fanden auch, daß das Essen schön, um nicht zu sagen kunstvoll aussehen müßte. Sie liebten betörende Düfte und gaben den Gerichten klangvolle, poetische Namen. Immer mehr große Dichter und Gelehrte schenkten ihre Aufmerksamkeit der Kochkunst. Das hing vor allem damit zusammen, daß die politische Situation nach der Sung-Dynastie (618–907) relativ instabil war. Viele Gelehrte hielten sich wohlweislich aus politischen Dingen heraus, denn eine unliebsame Meinung konnte einen ohne weiteres den Kopf kosten. Die Menschen suchten sich also andere Beschäftigungen und gingen »harmloseren« Leidenschaften nach. Das Hauptinteresse galt der

Natur, dem Garten, der Malerei, der Kalligraphie, dem Schreiben schöner Gedichte und dem geselligen Beisammensein mit Freunden – möglichst begleitet von Musik, Gesellschaftsspielen, einem guten Gläschen und natürlich auch von exquisiten Gerichten, die oft schon lange vor dem Treffen überlegt und geplant wurden.

Ein Dichter dieser Zeit, der nicht besonders wohlhabend war, bezeichnete sich selbst als »Krebs-Sklaven«, da er bereits im frühen Herbst anfangen mußte zu sparen und zu organisieren, um seine Freunde am Abend des Mondfestes zu Wein und Krebsen einladen zu können.

Zu dieser Zeit war der Anlaß zu einer Einladung meist ein kulinarisches Ereignis, wie die folgenden Einleitungen zeigen:

»Meine Nichte hat einen guten Essig aus Zhejiang und eine eingelegte Ente aus Nanking mitgebracht.« Oder: »Es ist schon Ende Juni, wenn du jetzt nicht kommst, kannst du erst im nächsten Mai den gleichen Fisch essen«.

In China nennt man dieses süße Leben, das sich ausschließlich mit den schönen, angenehmen Dingen befaßt, »Das Pfirsichblütenland«, das außerhalb der Welt liegt.

**Vom Kaiser befohlen**

Bereits vor 3000 Jahren, in der Zhou-Zeit, gab es im königlichen Palast 208 Beamte für den Bereich Essen und Trinken mit über 2000 Mitarbeitern – verteilt auf 22 »Arbeitseinheiten«. In der Han-Dynastie (206 v.Chr.–220 n.Chr.) brachte man es gar auf über 6000 Beamte und Mitarbeiter, die nur für das leibliche Wohl zuständig waren und prachtvolle Bankette auszurichten hatten: So ließ der Han-Kaiser Wudi (140–87 v.Chr.) anläßlich eines großen Festes für die Anführer der nationalen Minderheiten angeblich einen »Wald aus Fleisch« und einen »Teich aus Wein« anfertigen, um seinen Reichtum zu demonstrieren.

Über alle Dynastien hinweg wurde dem Essen so viel Hochachtung entgegengebracht, daß es uns heute fast übertrieben erscheint. Der Umgang mit dem Essen wurde am Kaiserhof auf die Spitze getrieben. Alles sollte in punkto Geschmack, Form und Aussehen vollkommen sein, auch der kleinste Fehler wurde übel vermerkt.

Über das luxuriöse Essen und seine Bedeutung im Kaiserpalast berichten zahlreiche Bücher und Dokumente. Danach scheute die Kaiserinwitwe Cixi (1835–1908) nicht davor zurück, einige Köche köpfen zu lassen, weil ihr das vegetarische Essen, das sie an bestimmten Tagen zu sich nehmen sollte, nicht schmeckte.

Die Erfüllung der kaiserlichen Wünsche galt in allen Dynastien als absolute Selbstverständlichkeit und dafür wurden weder Aufwand noch Kosten gescheut. Zur Zeit der Qing-Dynastie (1644–1911) war eine Heringsart aus

*Der Drache symbolisiert den Kaiser und damit Yang, das männliche Prinzip.*

*In der Provinz Gansu, im Nordwesten Chinas, endet die Große Mauer.*

*In China ist das Fahrrad auch heute noch das Haupttransportmittel.*

*Eine Fischerin bei der Arbeit am Ost-See bei Wuhan (Provinz Hubei). Er ist berühmt für seinen hervorragenden Fisch.*

Hangzhou besonders beliebt, die gegen Ende des Frühlings am besten schmeckte – eine Delikatesse, die der Kaiser sich natürlich nicht entgehen lassen wollte. Da Hangzhou aber weit über 1000 Kilometer von Peking entfernt liegt und es damals noch keine Kühlmöglichkeiten gab, ließ man entlang des Weges in einem Abstand von 15 Kilometern Teiche anlegen, in die die Fische zwischendurch immer wieder zur Erholung geworfen wurden, damit sie trotz der langen Reise lebend und flußfrisch nach Peking gebracht werden konnten.

Der letzte Kaiser von China, Puyi, beschreibt in seinen Erinnerungen das alltägliche Mahl der Kaiserinwitwe Cixi und einer anderen Frau des Kaisers. Nur für die beiden wurden rund hundert verschiedene Gerichte zubereitet und auf sechs Tischen angerichtet – und das jeden Mittag. Natürlich wurden nicht alle Gerichte gegessen, aber gerade deshalb war die optische Wirkung der Speisen besonders wichtig.

## Die Kochstile

Das Land der Mitte ist groß, und es besteht aus vielen Regionen, die sich landschaftlich und klimatisch stark voneinander unterscheiden. Hinzu kommen die vielen Nationalitäten mit unterschiedlichen Vorlieben, Sitten und Geschmacksrichtungen, so daß sich für verschiedene Gegenden ein bestimmter, typischer Kochstil entwickelt hat. Es gab und gibt viele Versuche, diese kulinarische Vielfalt zu gliedern. Am gebräuchlichsten ist die Einteilung in acht verschiedene Stile (Regionen): Lu-Stil (Shandong-Provinz), Chuan-Stil (Sichuan-Provinz), Yue-Stil (Kanton/ Guangdong-Provinz), Min-Stil (Fujiang-Provinz), Su-Stil (Jiangsu-Provinz), Zhe-Stil (Zhejiang-Provinz), Wan-Stil (Anhui-Provinz) und Xiang-Stil (Hunan-Provinz). Die Provinzen nördlich der Mauer, im äußersten Nord- und Süd-westen, wurden bei dieser traditionellen Einteilung nicht miteinbezogen, denn die dort lebenden Völker galten als Barbaren und wurden nicht zur Kultur Zentralchinas gezählt.

Am bekanntesten und kulinarisch am interessantesten sind vier der acht Stile, nämlich der Lu-Stil für den Norden, der Su-Stil für den Osten, der Chuan-Stil für den Westen und der Yue-Stil für den Süden.

### Der Lu-Stil des Nordens
Er ist der wichtigste Vertreter der nordchinesischen Kochkunst, aus dem in der Ming-Dynastie (1368–1644) auch die kaiserliche Küche hervorging. Peking als Hauptstadt war in der chinesischen Geschichte auch Regie-rungssitz, so daß es ganz natürlich erscheint, die nordchinesische Küche –

auch als klassische Küche bezeichnet – mit der Palastküche in Verbindung zu bringen.

Um dem kaiserlichen Anspruch gerecht zu werden, bemühten sich die Köche um möglichst ausgefallene, teure Gerichte mit Zutaten wie Schwalbennestern oder Bärentatzen, die ausgesprochen schwer zu bekommen waren. Heute sind die Grundnahrungsmittel der Nordchinesen Produkte aus Weizenmehl, wie Mantou, das gedämpfte Brot, oder vielerlei Nudeln und Teigtaschen. Spezialitäten der Region sind z.B. Jiaozi (Chinesische Ravioli, S. 104) und Baozi (Gedämpfte Teigtaschen, S. 106), die man in Shandong am liebsten mit einer Sauce aus Essig, Sojasauce und gehacktem Knoblauch genießt. Auch die berühmte Peking-Ente (S. 58) stammt aus der Shandong-Küche. Lauch darf in der Shandong-Küche keinesfalls fehlen, denn Shandong-Völker essen sehr gerne Lauch und Knoblauch, oft sogar roh.

### Der Su-Stil des Ostens

Der ostchinesische Kochstil stammt ursprünglich aus der Gegend um Suzhou und Yangzhou, einst blühende Handelsstädte der Ming- und Qing-Dynastie. Durchzogen von zahlreichen Kanälen und kleinen Flüssen wird Suzhou auch das »Venedig des Ostens« genannt. Bekannt sind die Städte auch für ihre zierlichen Privatgärten. Da die Landschaft durch viele Flüsse und Seen geprägt ist und das günstige Klima den Anbau von Reis und Gemüse besonders ertragreich macht, bezeichnet man die Gegend auch als Fisch-Reis-Heimat. Hinsichtlich der Kochkunst wird in dieser Region vor allem auf eine sehr feine Schneidekunst, eine ansprechende Farbe und auf den Originalgeschmack der Zutaten Wert gelegt. Die Gerichte werden also nur kurz gegart, wenig gewürzt (Sojasauce findet hier weitaus weniger Verwendung als vergleichsweise im Norden), aber

*Die weißen Berge in Hunan faszinieren den Besucher durch ihre bizarre Form.*

*Hühner werden auf den Märkten in China – hier in Chongquing (Provinz Sichuan) – immer lebend verkauft.*

*Der Fischverkäufer bietet
seine frische Ware an.*

*Dieser Mann trägt die
traditionelle Kleidung der
Provinz Sichuan.*

*In ländlichen Gegenden ist
die Gleichberechtigung
der Frau noch nicht sehr
fortgeschritten.*

immer besonders fein und mit viel
Liebe zubereitet. Ein gutes Beispiel
dafür ist ein raffinierte Sojasprossen-
gericht: Die Sprossen werden innen
ausgehöhlt, mit Fischeiern gefüllt und
in Hühnerbrühe kurz gegart.

### Der Chuan-Stil des Westens

Auch dieser Kochstil hat eine lange
Tradition, in der Ming-Zeit (1368–1644)
zählte er zu den höchstentwickelten
aller chinesischer Kochstile.
Viele Speisen der Küche in Sichuan –
wo im Sommer teilweise Temperaturen
von über 40° herrschen – sind bekanntlich ziemlich scharf. Der Hauptunter-
schied zur nordchinesischen Palastküche liegt darin, daß hier im Westen
mit preiswerten Zutaten nicht ganz so
fein, sondern eher einfach für das
alltägliche Familienessen gekocht wird.
Das heißt aber keineswegs, daß diese
Gerichte weniger köstlich oder
interessant wären. Ganz im Gegenteil,
die Sichuanküche ist in ganz China so
populär geworden, daß einige Gerichte
inzwischen auf den Speisekarten der
feinen Restaurants zu finden sind, wie
z.B. Ma Po Dou Fu (S. 84).
Dem Eigengeschmack der Zutaten

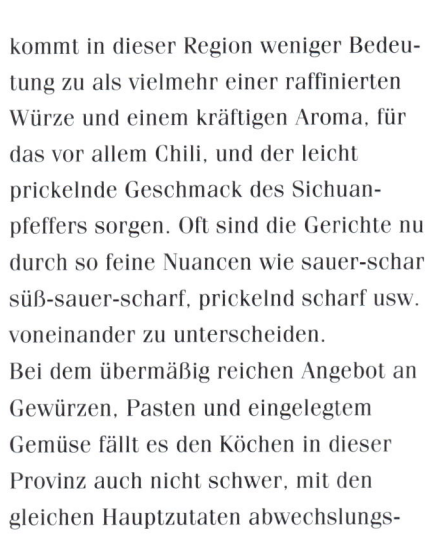

kommt in dieser Region weniger Bedeutung zu als vielmehr einer raffinierten
Würze und einem kräftigen Aroma, für
das vor allem Chili, und der leicht
prickelnde Geschmack des Sichuan-
pfeffers sorgen. Oft sind die Gerichte nur
durch so feine Nuancen wie sauer-scharf,
süß-sauer-scharf, prickelnd scharf usw.
voneinander zu unterscheiden.
Bei dem übermäßig reichen Angebot an
Gewürzen, Pasten und eingelegtem
Gemüse fällt es den Köchen in dieser
Provinz auch nicht schwer, mit den
gleichen Hauptzutaten abwechslungsreich zu kochen.

### Der Yue-Stil des Südens

Er ist vor allem in der Provinz Kanton
(Guangdong) und in Hong Kong behei-
matet. Im alten China galten alle Völker,
die nördlich der Großen Mauer lebten,

und auch Bewohner unbekannter Provinzen als unzivilisierte Wilde. Sogar die Bewohner der Provinz Kanton (Guangdong) wurden lange Zeit von Zentralchina als südliches Barbarenvolk bezeichnet.

Kanton (Guangdong), das heute als Mekka der chinesischen Küche gilt, wurde wirklich lange Zeit verkannt. Seinen Bewohnern wurde nachgesagt, daß sie alles essen würden, was fliegt außer Flugzeugen, alles was schwimmt außer Schiffen und alles, was vier Beine hat außer Tischen und Stühlen. Für den Großteil der Zentral-Chinesen ist es unvorstellbar, eine Katze, einen Hund oder eine Schlange zu essen. Und selbst diejenigen, die davor keinen Abscheu hegen, essen diese exotischen Gerichte höchst selten und nur zu ganz besonderen Gelegenheiten.

In Kantons Hauptstadt Guangzhou ist Essen ein Stück Lebensart. Ganze Straßenzüge, die nur Restaurants und Teehäuser beherbergen, sind hier keine Seltenheit. Bedingt durch den Hafen und den regen Handel kann man von sechs Uhr morgens bis Mitternacht problemlos Essen bekommen. Die Bewohner dieser Provinz beginnen den Tag mit einer Tasse Tee und einer von den zahlreichen, unter dem Namen »Dim Sum« oder »Yam Cha« bekannten süß oder salzig gefüllten kleinen Köstlichkeiten.

## Wie das einfachste Essen zum Gedicht wird

Ein Gericht einfach nach den Zutaten zu benennen, die es enthält, fände ein Chinese langweilig.

*Verkauf von Chili und Sichuan-Pfeffer (oben). Die Glücksäpfel verheißen Glück, Frieden und Reichtum (Mitte), eine typische Marktszene in Chongqing in der Provinz Sichuan (unten).*

*Dieses vegetarische Fest-essen wurde so zubereitet, daß die Speisen in Form, Farbe und Geschmack an Fisch, Fleisch und Geflügel erinnern.*

*Nach dem Hochzeitsessen geht die Braut zu jedem Gast und schenkt ihm eine Tasse Tee ein. Dafür bekommt sie ein rotes Päckchen (mit einem Geldgeschenk).*

So kann eine Speise einen symbolischen Namen tragen, der beispielsweise einen Glückwunsch beinhaltet. Ein ganz bekanntes Gericht heißt »Die ganze Familie ist versammelt«. Es besteht aus einer Ente – in einem Keramiktopf gegart – und vielen Eiern.

Eine andere Möglichkeit ist, das Gericht nach seiner Zubereitungsart und einer besonderen Eigenart, wie z.B. einem speziellen Gewürz, der charakteristischen Farbe oder der ungewöhnlichen Form zu benennen.

Früher wurden die kulinarischen Kreationen häufiger mit einem phantasievollen poetischen Namen geschmückt, der meist von einem Dichter liebevoll erdacht worden war. So z.B. »Der sanfte Wind einer Mondnacht« für eine einfache Eiersuppe.

Leider lassen die nüchternen Namen in westlichen Restaurants nichts mehr von der Poesie ihrer Bezeichnungen in China ahnen.

## Einschnitte im Leben

Für Chinesen ist eines der größten Ereignisse im Leben das Hochzeitsfest. Auf dem Land wird dieser Höhepunkt noch sehr ursprünglich begangen, wenn möglich, wird das ganze Dorf zur Feier geladen. Zumindest aber müssen alle Familien versammelt sein, die den gleichen Nachnamen tragen.

In der Großstadt sind es oft so viele Gäste, daß 20 bis 40 Tische mit je 8–10 Personen voll besetzt sind. Großer Wert wird auf die Symbolik gelegt: Das Bett des Hochzeitspaares ist voller Erdnüsse und Kastanien. Das chinesische Wort für Kastanie hat die gleiche Aussprache wie »Gut fürs Kind« und Erdnüsse verheißen »bunt geborene Kinder«, was bedeutet, daß abwechselnd Jungen und Mädchen zur Welt kommen sollen. Trotz der staatlich verordneten Ein-Kind-Familie, die auf dem Land häufig ignoriert wird, hat

Der große Mondkuchen, nach einem Rezept aus Nordchina gebacken, ist schön gemustert, dafür aber sehr hart. Die Mondkuchen aus Südchina (rechts) sind öliger und weicher. Gegessen werden sie beim Mondkuchenfest.

sich diese liebenswerte Tradition erhalten.

Ein richtiges Hochzeits-Festessen muß aus kalten und gebratenen Speisen, einem großen Hauptessen, einer Suppe und aus Süßigkeiten bestehen. Das sind fünf große Gänge mit insgesamt 15–20 verschiedenen Gerichten. Das Hauptessen, wie ein ganzes, gebratenes Schwein, gibt dem Festessen auch den Namen, hier könnte es z.B. »Rot gebratenes Schwein-Fest« heißen.

Während der Hochzeitsfeier unterhalten sich die Gäste mit Spielen, z.B. dem Apfelspiel. Ein kleiner Apfel wird an einem Band an der Decke befestigt. Braut und Bräutigam müssen nun versuchen, von je einer Seite den Apfel zu essen, ohne dabei die Hände zu benutzen. Wie man sich vorstellen kann, ist das vor allem für die Zuschauer ein großes Vergnügen, weil es nicht selten vorkommt, daß sich bei dem Spiel die Jungvermählten küssen, was ansonsten

in der Öffentlichkeit als unschicklich betrachtet wird.

Geburtstage werden traditionell nur bei älteren Leuten und in besonderen Jahren gefeiert, z.B. zum Sechzigsten, und dann im großen Stil. In jedem Fall muß es bei einer Geburtstagsfeier aber Lang-Lebens-Nudeln geben, denn sie symbolisieren Unsterblichkeit.

## Von der Frau auf dem Mond und dem Dichter Qu Yuan

Obwohl der Gregorianische (abendländische) Kalender 1949 offiziell in China eingeführt wurde, halten sich noch heute viele an den traditionellen Mondkalender, nach dem im achten Monat des Jahres das Mondfest stattfindet. Zu dieser Zeit ist der Mond besonders groß und leuchtet wunderbar hell. Den Abend des Mondfestes verbringen die Menschen gerne im Freien, betrachten den Mond und die

*Diese süßen Frösche sind mit Rote-Bohnen-Paste gefüllt.*

*Die roten Papier-Schnitte zu Neujahr wünschen »so viel Glück, daß es in kein Zimmer paßt«.*

Chrysanthemen, die dann besonders schön blühen, essen Mondkuchen und trinken Duftblütenwein.

Eine Legende berichtet zu diesem Fest folgendes: In einer alten Zeit, in der es nicht eine, sondern zehn Sonnen gab, wurde es auf der Erde so unerträglich heiß, daß alles zu verbrennen drohte. In letzter Minute wurde vom Himmelsgott ein Retter geschickt, der neun Sonnen abschoß. Die Auszeichnung, mit der der Himmelsgott ihm dankte, stieg ihm so zu Kopf, daß er immer bösartiger wurde und schließlich nicht mehr in den Himmel zurückkehren durfte. Eine gute Fee hatte Mitleid mit ihm und schenkte ihm einen Zaubertrank, der ihm Unsterblichkeit verleihen sollte. Das jedoch wollte seine Frau verhindern, sie nahm den Trank selbst und wurde dadurch so schwerelos, daß sie auf den Mond schwebte. Seitdem lebt sie dort nur mit einem Frosch und einem Kaninchen in einem großen Palast. Als einzige Freuden bleiben ihr das Tanzen und Singen. Den Menschen schenkt sie durch das Mondlicht Ruhe und Schönheit. Und auch heute noch ist die Frau auf dem Mond zu bewundern, und zwar auf den Verpackungen für Mondkuchen.

Ebenfalls nach dem traditionellen Mondkalender wird am fünften Tag des fünften Monats das Drachenbootfest gefeiert. An diesem Tag werden in Schilfblätter gewickelte Klebreiskuchen gegessen, zu denen sich die Menschen folgende Geschichte erzählen: Der bekannte Dichter Qu Yuan (vermutlich 340 v. Chr. geboren), der schon früh eine politische Karriere begann und mitansehen mußte, wie China von fremden Mächten besetzt wurde, ertränkte sich aus Verzweiflung über das traurige Schicksal seines Landes

am fünften Tag des fünften Monats im Fluß. Als die Versuche, ihn zu retten, erfolglos blieben, warf man Reiskuchen ins Wasser, damit die Fische nicht ihn, sondern die Kuchen fressen sollten. Inzwischen wird das Fest symbolisch gefeiert, und die Reiskuchen ißt man natürlich selbst.

## Das Frühlingsfest

Das größte und längste Fest im Jahr ist das Frühlingsfest – nach dem chinesischen Mondkalender der Jahresanfang, der im Januar oder Februar gefeiert wird.

Die Vorbereitungen dafür beginnen schon im letzten Monat des alten Jahres und zwar nach buddhistischer Tradition am achten Tag, an dem die Chinesen Laba-Reisbrei essen sollen. Sowohl der Reisbrei als auch der Festtag, der auch »Buddha-Entstehungsfest« genannt wird, haben ihren Ursprung in einer Legende. Ihr zufolge hielt sich Shijiamoni (Buddha Shakyamuni) in Indien auf, bevor er ein Buddha wurde. Eines Tages – er war sehr müde und ausgehungert – rettete ihm eine junge Schafhirtin das Leben, indem sie ihm ihr Essen gab. Es war ein Reisbrei, zubereitet aus allem, was sie finden konnte. Nach dem Essen fühlte sich Shijiamoni wieder besser, nahm ein Bad im Fluß und setzte sich unter einen Baum zum Meditieren, wo er am achten Tag des zwölften Monats die Erleuchtung fand.

Vor dem Fest wird Gemüse eingelegt, Fisch und Geflügel werden geräuchert, köstlicher Schinken wird hergestellt. Die Kinder bekommen neue Kleider und die Wohnung wird auf Hochglanz gebracht, denn zum Jahreswechsel

*Nicht nur Kinder lieben die kandierten Obstspieße, die es in der Provinz Shandong überall gibt.*

*Bei der nachgespielten Kaiserzeremonie vor dem Dai-Tempel zu Füßen des Tai-Berges (Provinz Shandong) wird Alkohol in wunderschönen Bronzegefäßen geopfert.*

muß alles blitzsauber sein; kein Körnchen Schmutz darf mit ins neue Jahr. Am 23. Dezember – auch kleines Neujahr genannt – wird der Herdgott verabschiedet, wenn auch heute nur noch von wenigen ländlichen Familien. An diesem Tag geht er zu den Himmelsgöttern, um zu berichten, ob die Familie sich das Jahr über anständig benommen und Gutes getan hat. Um ihn freundlich zu stimmen, legen die Chinesen Süßigkeiten vor sein Bildnis, das über dem Herd hängt. Sie sollen ihm die Laune versüßen und den Mund verkleben, damit er nichts Schlechtes über die Familie sagen kann. Danach kochen chinesische Familien das Essen vor, denn am Neujahrstag

*Der Vogelkäfig-Verkäufer trinkt Tee aus der traditionellen Tasse mit Deckel, der junge Teegießer muß die Technik des Eingießens perfekt beherrschen.*

selbst soll man nach alter Sitte möglichst nicht schneiden und kochen, sondern allenfalls erwärmen. Zudem ist der Jahresbeginn traditionell für die Frauen der einzige Tag, an dem sie nicht arbeiten müssen, sondern Zeit für Vergnügungen haben und Freunde besuchen können. Die Haustüren sind mit Glückszeichen geschmückt, und neue Bilder werden an die Wände gehängt.

Schon am letzten Tag des alten Jahres veranstalten die Chinesen ein großes Festessen, bei dem Fisch keinesfalls fehlen darf. Aufgegessen werden soll er allerdings nicht, denn Reste verheißen, daß es auch im neuen Jahr immer ausreichend zu essen geben wird.

Im Norden werden an diesem Abend auch Jiaozi (S. 104) gegessen – wenn möglich, von der gesellig zusammensitzenden Familie tagsüber gemeinsam geformt. In manchen Teigtaschen wird etwas versteckt, z.B. eine Münze, eine Erdnuß oder ein Birnenstück. Die Erdnuß bedeutet langes Leben, die Münze

Geldsegen und die Birne verheißt ein süßes Leben. Um das Unglück nicht heraufzubeschwören, muß man beim Kochen der Jiaozi sehr vorsichtig sein, denn so wie man Nudeln nicht schneiden soll, dürfen Jiaozi nicht reißen. Und wenn es doch einmal passiert, heißt es nicht: »Oh, sie sind gerissen«, sondern »sie sind geplatzt« – und meint damit, daß sie selbstverständlich vor Reichtum und Glück geplatzt sind.

Nun gilt es, die Zeit bis Mitternacht mit unterhaltsamen Spielen zu füllen, denn erst dann wird ein Feuerwerk entzündet, um die bösen Geister zu erschrecken und zu vertreiben.

Am ersten Tag des neuen Jahres macht sich die ganze Familie auf den Weg, um Freunde und Verwandte zu besuchen. Als Neujahrsgeschenk dienen häufig alkoholische Getränke oder in rotes Papier gewickelte Süßigkeiten, denn Rot ist die Farbe des Glücks. Alles dreht sich an diesem Tag nur um das Glück, man kann es sich und anderen nicht oft genug wünschen.

*Die Figur des trinkenden Dichters Li Bai ist heute noch sehr bekannt (oben). Die Anhui-Provinz ist berühmt für den Nebelwolkentee.*

Offiziell dauert das Frühlingsfest bis zum 15. Tag des ersten Monats und schließt mit dem Lampionfest ab, an dem Klebreisklößchen (S. 128) gegessen werden, ein Nachtmarkt aufgebaut wird und die Straßen mit roten Lampions hübsch erleuchtet sind.

## Getränke

Alkohol galt im alten China während einiger Dynastien als so wertvoll und von Gott geschenkt, daß er nur als Opfer für die Ahnen oder anläßlich großer Zeremonien verwendet werden durfte.

Doch es gab auch andere Zeiten: Die chinesische Geschichte ist reich an Erzählungen über bekannte Menschen, die dem Alkohol nicht abgeneigt waren: Ein berühmter Kalligraph konnte angeblich nur betrunken wirklich gut arbeiten, und der bekannteste Dichter der Tang-Zeit, Li Bai (701–762),

schrieb in berauschtem Zustand seine lebendigsten Gedichte, die oft auch dieses Thema behandeln.

*»Mit einem Krug voll Wein*
*saß ich inmitten*
*duftender Blumen ganz allein.*
*Ich hob den Becher, um den Mond zu bitten,*
*für diese Nacht mein Gast zu sein.*
*Da sah ich meinen Schatten, und als Dritten*
*lud ich auch ihn, den ewig Treuen, ein ..«*

Der größte Teil der chinesischen Alkoholika wird aus Getreide gewonnen, seit 10000 Jahren gibt es Schnaps, und Wein kannte man bereits vor 7000 Jahren, als es die ersten Keramikgefäße zur Weinherstellung gab. Obstwein dagegen wurde erst viel später erfunden – man erzählt, daß Affen hierfür die Ursache waren. Die Affen hatten nämlich nicht nur frisches,

*Im Teehaus in Guangzong werden von den Wägelchen frische süße oder salzige Kleinigkeiten angeboten.*

*Die Teepflückerin zupft sorgsam Blatt für Blatt vom Teestrauch.*

sondern auch vergorenes Obst zu schätzen gewußt und nach dem Verzehr sehr ausgelassen gewirkt.

Der erste Wein aus Trauben kam etwa vor 2000 Jahren über die Seidenstraße nach China.

Die beliebtesten Getränke sind heute Reiswein, Bambuswein, Duftblütenwein, Rosenwein, Pflaumenwein und viele Schnapssorten wie z.B. Mao Tai, Gao Liang und der Fünf-Getreide-Schnaps.

Schnaps und Reiswein werden vor allem im Winter gerne warm getrunken. Auch Bier erfreut sich inzwischen steigender Beliebtheit, hat aber keine lange Tradition in China. Es kam erst durch deutsche Brauer Anfang des 20. Jahrhunderts ins Land, die sich in Tsingtao (Qing Dao) niederließen. Das Bier aus dieser Stadt ist das bekannteste und schmeckt ähnlich wie deutsches Bier.

Das chinesische Volksgetränk ist jedoch nach wie vor Tee. Er wird den ganzen Tag über sowohl im Haus als auch in Hotels und Zügen ausgiebig genossen, vorzugsweise aus hohen Tassen mit aufgesetztem Deckel. Die Teeblätter sinken nach unten und der Tee bleibt heiß. Die Blätter läßt man eine Zeitlang in der Tasse und gießt wieder heißes Wasser nach, wenn man etwa zwei Drittel des Tees ausgetrunken hat.

Das Wasser hat beim Teekochen eine entscheidende Bedeutung. Bei der Zubereitung von grünem Tee soll es

*In Peking treffen Tradition und Moderne aufeinander. Der nordchinesische Bauer hockt in der traditionellen Haltung vor der Sandwich-Bude.*

nicht kochen, sondern nur etwa 80° heiß werden. Teekenner schütten den ersten Aufguß weg.

Teekenner gibt es in China nicht erst seit heute – das erste Teebuch der Welt wurde bereits im Jahr 780 vom Teefachmann Lu Yu geschrieben. Die Ursprünge der Teekultur liegen noch weiter in der Vergangenheit und gehen auf den Buddhismus zurück: Um beim stundenlangen Meditieren wach und konzentriert zu bleiben, tranken die Mönche Tee und wurden zu den großen Förderern des Teeanbaus.

Es gibt fünf bekannte Teesorten. Der berühmteste chinesische Tee ist der Longjing-Tee aus Hangzhou. In Zeiten der Tributpflicht mußte ein Teil der Ernte dieses Tees am Kaiserhof abgeliefert werden. In Anhui auf dem Gelben Berg pflanzt man den sogenannten »Nebelwolken-Tee« und in Fujian baut man den Wulong-Tee an, dem eine gewichtsreduzierende Wirkung nachgesagt wird. Er soll die Verdauung und den Abbau von Fett fördern.

Die besten Tees enthalten immer ganze Blätter, wobei dasjenige Blatt, das an der Spitze der Pflanzen wächst, als das wertvollste und somit teuerste angesehen wird. Außer dem Blatteil entscheidet auch die Güte des »Röstens«, also der Fermentierung über den Preis. Diese Arbeit erfordert viel Erfahrung und wird traditionell immer mit bloßer Hand ausgeführt, um die optimale Temperatur fühlen zu können.

Es gibt grünen Tee, schwarzen Tee und Blüten-Tee, z.B. Jasmin-Tee. Darüber hinaus werden auch sogenannte halbfermentierte, d.h. halbgeröstete Tees angeboten. Viele Besucher bemerken in China, daß der Tee dort viel besser schmeckt als der, den sie zu Hause

kaufen und schieben die Schuld auf das schlechtere Wasser oder ähnliche äußere Umstände. Die Wahrheit aber ist, daß der Tee falsch zubereitet wird und es außerdem den besten chinesischen Tee im Ausland nicht zu kaufen gibt.

Es ist daher sicher eine gute Idee, Tee für den eigenen Bedarf und auch als Präsent aus China mitzubringen.

*Erschöpft gehen die Lastenträger von ihrem Tagewerk nach Hause.*

*Noch liegen die Boote am Ufer des Ost-Sees. Nach und nach kommen die Fischer, um sich an die Arbeit zu machen.*

# KALTE GERICHTE

Sie werden in China nicht Vorspeisen genannt, sondern als
»Speisen zum Alkohol« – Jiu cai –
bezeichnet. Diese Gerichte werden
meist mit Schnaps oder Reiswein
serviert, und von den Chinesen immer
vor den Speisen mit Reis, den Fan cai,
gegessen.

Es gibt zwar auch einige warme Vorspeisen, angeboten werden jedoch fast
ausschließlich kalte Jiu cai. Deshalb
haben wir uns auch auf Rezepte von
kalten Vorspeisen beschränkt. Sie sind
einfach typischer. Außerdem sind diese
kalten Jiu cai auch dann ideal, wenn
Sie nicht alles frisch zubereiten können,
sondern etwas vorbereiten müssen. In
China schätzen die Genießer gemischte
Teller ganz besonders, die aus unterschiedlichen Gerichten bestehen. So
kann man verschiedene Kleinigkeiten
probieren, ohne sich dabei satt zu essen.
Die Speisen werden oft in einem hübschen Muster angerichtet. Geübte Köche
zaubern da schon einmal einen eßbaren
Schmetterling oder Kranich. Schließlich
ißt ja auch das Auge mit, und die Jiu cai
als Auftakt der Mahlzeit sollen neugierig
machen und sowohl den Appetit als auch
die Sinne anregen!

*Zu kalten Vorspeisen wird
häufig Reiswein in hübschen
Fläschchen serviert.*

# Fünf-Gewürz-Fisch

*Aus Nordchina · Gelingt leicht*   **Wu Xiang Xun Yu**

*Zutaten für 1 Servierteller*
*(3 Portionen):*
*300 g Forellen- oder Schollenfilets*
*Salz*
*3 EL Reiswein*
*4–5 dünne Scheiben Ingwerwurzel*
*4 Knoblauchzehen*
*(nach Belieben mehr)*
*2–3 Frühlingszwiebeln*
*½ l Pflanzenöl zum Fritieren*
*2 EL dunkle Sojasauce*
*1 TL Zucker*
*1 TL Fünf-Gewürz-Pulver*
*2 EL Sesamöl*

*Zubereitungszeit: 30 Min.*
*(+ 30 Min. Ruhen)*

*Pro Portion: 1800 kJ/ 425 kcal*

**1** Fischfilet in 5 cm lange Stücke schneiden. Etwas Salz mit dem Reiswein mischen und über den Fisch gießen. Die Mischung etwa 30 Min. ziehen lassen.

**2** Kurz bevor die 30 Min. vorbei sind, Ingwer und Knoblauch schälen, Frühlingszwiebeln putzen und waschen. Dann alles fein hacken.

**3** Öl in einem Topf oder Wok zum Fritieren erhitzen. Fisch gründlich trockentupfen und im heißen Öl bei starker Hitze in etwa 1 Min. goldbraun fritieren. Herausnehmen und abtropfen lassen.

**4** Öl bis auf einen dünnen Film (etwa 3 EL) aus dem Topf gießen. Ingwer, Knoblauch und Frühlingszwiebeln darin unter Rühren bei mittlerer Hitze anbraten.

**5** Dann ¼ l Wasser angießen. Sojasauce, Zucker und Fünf-Gewürz-Pulver dazugeben. Den Fisch in die Sauce legen und alles bei starker Hitze etwa 10 Min. kochen, bis die Flüssigkeit fast verdampft ist. Abkühlen lassen und beim Essen mit Sesamöl beträufeln.

**Info:** Fünf-Gewürz-Pulver ist typisch für die chinesische Küche und besteht aus Anis, Zimt, Gewürznelken, Pfeffer und Fenchelsamen.

**Tip!** Mit chinesischem Dampfbrot (Mantou) oder auch europäischen Brötchen kann man mit dem Fisch köstliche Sandwiches zubereiten.

# Gebratene scharfe Gurken

*Aus Peking · Geht schnell*   **Qiang Huang Gua**

*Zutaten für 1 Servierteller*
*(2 Portionen):*
*500 g zarte Gurken*
*4 getrocknete Chilischoten*
*4 EL Sesamöl*
*20 Sichuan-Pfefferkörner*
*Salz*

*Zubereitungszeit: 20 Min.*

*Pro Portion: 880 kJ/ 210 kcal*

**1** Gurken gründlich waschen und der Länge nach halbieren. Die Kerne herauskratzen und die Gurken in etwa 6 cm lange, dünne Streifen schneiden. Chilischoten halbieren. (Danach Hände waschen, auf gar keinen Fall in die Augen bringen!)

**2** Sesamöl in einer Pfanne oder im Wok erhitzen. Sichuan-Pfefferkörner und Chilischoten hineingeben und bei starker Hitze braten, bis sie würzig duften. Pfefferkörner herausfischen.

**3** Gurken in das Öl geben und unter Rühren bei starker Hitze etwa 2 Min. braten. Mit Salz abschmecken, auf einen Teller geben und abkühlen lassen.

**Tip!** Ohne Kerne schmecken Gurken wesentlich feiner. Nachdem Sie die Gurke der Länge nach halbiert haben, können Sie die Kerne ganz leicht mit einem kleinen, scharfkantigen Löffel herauskratzen.

# Feuerwerks-Rollen

**Bao Zhu Ji**

*Zutaten für 18 Rollen:*
*250 g rohe Puten- oder Hühnerbrust*
*100 g roh geräucherter, kräftig roter*
*Schinken in dünnen Scheiben*
*1–2 Bund langer Schnittlauch*
*(ersatzweise Lauchstreifen)*
*2 EL helle Sojasauce*
*1 TL Zucker*
*1 TL Sichuan-Pfeffer,*
*frisch gemahlen*
*etwa 250 g roher magerer*
*Schweinebauch*
*ohne Schwarte und Knorpel*
*(vom Metzger in 18 dünne Scheiben*
*von 8 cm Breite und 8 cm Länge*
*schneiden lassen.)*
*2 Eier*
*3 EL Speisestärke*
*Salz*
*½ l Pflanzenöl zum Fritieren*

*Zubereitungszeit: 45 Min.*

*Pro Rolle: 630 kJ/ 150 kcal*

**1** Puten- oder Hühnerbrust mit der Faser in 8 cm lange und 8 cm breite, dünne Quadrate schneiden.

**2** Schinken in etwa 10 cm lange, dünne Streifen schneiden. Schnittlauch waschen und trockenschütteln oder Lauch waschen, putzen und in ca. 15 cm lange Streifen schneiden.

**3** Sojasauce, Zucker und Pfeffer mischen. Geflügel und Schweinefleisch damit bestreichen.

**4** Schweinebauchstücke jeweils mit 1 Geflügelscheibe belegen. Die Schinkenstreifen quer dazu so auf die Scheiben legen, daß sie an einem Ende über den Rand hinausstehen. Dann die Scheiben so fest wie möglich zusammenrollen.

**5** Die Rollen knapp unter dem oberen und unteren Ende mit je 2–3 Schnittlauchhalmen oder Lauchstreifen zusammenbinden.

**6** Eier trennen. Eiweiß mit Stärke verrühren. Etwas Salz unterrühren. Es soll ein zähflüssiger, nicht zu dicker Teig entstehen.

**7** Öl in einem Topf oder Wok erhitzen. Die Röllchen durch den Eiweißteig ziehen und so lange im Öl fritieren, bis der Eiweißteig hart wird. Abtropfen lassen, dann noch einmal kurz fritieren.

**8** Eigelb mit etwas Salz verquirlen. In dünnem Strahl unter kreisendem Rühren in das heiße Öl geben und kurz garen, bis es fest wird. Wieder herausnehmen und abtropfen lassen.

**9** Die Röllchen sternförmig auf einem Teller anrichten (mit den »Feuerflammen« nach außen). Die Eigelbblumen in der Mitte verteilen.

**Info:** Um ein Feuerwerk zu entzünden, braucht man bekanntlich Pulver. Es gehört zu den größten Erfindungen der Chinesen – neben der Erfindung von Papier, Kompaß und Drucktechnik. Pulver wurde Anfang der westlichen Han-Dynastie (206 v.Chr.–24 n.Chr.) erfunden und ursprünglich zum Jahreswechsel gezündet, um böse Geister zu verjagen.

# Sojasprossen mit Eistreifen

**Vegetarisch · Gelingt leicht**

**Dou Ya Ban Dan Pi**

**Zutaten für 1 Servierteller**
**(3 Portionen):**
**250 g Sojasprossen**
**(aus Mungobohnen)**
**3 Eier**
**2 EL Pflanzenöl**
**2 EL helle Sojasauce**
**1 EL Sesamöl**
**Salz**
**weißer Pfeffer, frisch gemahlen**

**Zubereitungszeit: 25 Min.**

**Pro Portion: 1065 kJ/ 255 kcal**

**1** In einem Topf Wasser zum Kochen bringen. Inzwischen Sprossen waschen und evtl. die braunen Enden abschneiden. Die Sprossen in sprudelnd kochendem Wasser etwa 2 Min. blanchieren. Dann kalt abschrecken und gut abtropfen lassen.

**2** Eier verquirlen. Eine Pfanne mit Öl auspinseln und bei schwacher Hitze erwärmen. Etwa ein Drittel der Eiermasse in die Pfanne geben und durch Schwenken sehr dünn darin verteilen. Die Eiermasse so lange ohne Wenden garen, bis auch die Oberseite goldgelb ist. Das dauert etwa 2 Min. Die übrige Eiermasse ebenso verarbeiten.

**3** Die Eierkuchen abkühlen lassen, dann aufrollen oder falten und wie Nudeln in dünne Streifen schneiden.

**4** Eierstreifen auf eine Platte legen und die Sprossen darauf verteilen. Sojasauce mit Sesamöl, Salz und Pfeffer mischen und darüber gießen.

**Info:** Am besten geben Sie das Gemüse, das Sie blanchieren möchten, in ein tiefes Metallsieb und hängen dieses dann in das kochende Wasser.

**Tip!** Als Dekoration eignen sich fein gehackte Frühlingszwiebeln. Am besten verwenden Sie nur die hellgrünen Teile. Wer gerne Knoblauch ißt, kann die Sauce auch mit durchgepreßtem Knoblauch würzen.

# Glasnudelsalat mit Spinat

*Gelingt leicht*  **Bo Cai Ban Fen Si**

*Zutaten für 1 Servierteller*
*(2 Portionen):*
*25 g getrocknete Krabben*
*300 g Spinat*
*75 g Glasnudeln*
*Salz*
*2–3 Knoblauchzehen*
*1 TL Chiliöl (nach Belieben)*
*1–2 EL brauner Essig*
*1–2 TL grobkörniger scharfer Senf*

*Zubereitungszeit: 40 Min.*

*Pro Portion: 820 kJ/ 200 kcal*

**1** Krabben in einer Schüssel mit heißem Wasser bedecken und 15 Min. quellen lassen. Inzwischen reichlich Wasser in einem großen Topf zum Kochen bringen.

**2** Spinat putzen, waschen und im sprudelnd kochenden Wasser etwa 1 Min. blanchieren. Kalt abschrecken, abtropfen lassen und gut ausdrücken. Dann in 3 cm lange Streifen schneiden. Die Streifen etwas lockern und einen Teller oder eine Platte damit auslegen.

**3** Reichlich Wasser in einem Topf zum Kochen bringen. Glasnudeln in heißem Wasser etwa 5 Min. einweichen, bis sie biegsam werden. Dann im kochenden Wasser etwa 2 Min. garen lassen, bis sie weich sind. Kalt abschrecken und abtropfen lassen. Nudeln mit etwas Salz mischen.

**4** Krabben abtropfen lassen und kleinhacken. Knoblauchzehen schälen und ebenfalls kleinhacken.

**5** Glasnudeln mit der Schere in etwa 10 cm lange Stücke schneiden, dann so auf dem Spinat anrichten, daß noch ein grüner Rand zu sehen ist. Kleingehackte Krabben daraufgeben, so daß noch weiße Nudeln zu sehen sind. Ganz in die Mitte den Knoblauch häufen.

**6** Chiliöl, Essig und Senf in einem Schälchen mischen und erst beim Essen über dem Salat verteilen.

**Info:** Chinesischer Essig wird aus Reiswein gemacht und ist milder als unser Weinessig. Falls Sie den chinesischen nicht bekommen, verwenden Sie am besten italienischen Balsamico-Essig und mischen ihn mit etwas heller Sojasauce.

# Glücks-Eierrollen

**Ru Yi Dan Juan**

*Aus Nordchina · Gut vorzubereiten*

*Zutaten für 1 Servierteller*
*(4 Portionen):*
*3 Eier*
*2 EL Pflanzenöl*
*1 Stück Lauch (etwa 2–3 cm)*
*1 Handvoll Spinat (etwa 20 g)*
*2 dünne Scheiben Ingwerwurzel*
*200 g rohe Garnelen*
*15 g gekochter Schinken*
*(1 dünne Scheibe)*
*1 TL Reiswein*
*Salz*
*1 TL Speisestärke*
*1 EL Sesamöl*

*Zubereitungszeit: 45 Min.*

*Pro Portion: 2100 kJ/ 500 kcal*

**1** Für den Eierkuchen 1 Ei trennen, Eiweiß beiseite stellen. Eigelb mit den übrigen Eiern verquirlen.

**2** In einer Pfanne 1 EL Öl erhitzen. Die Hälfte der Eimasse hineingeben, durch Schwenken verteilen und bei schwacher Hitze stocken lassen. Eierkuchen herausnehmen und auf einen Teller geben. Die restliche Eimasse ebenso backen.

**3** Für die Füllung Lauch und Spinat putzen und waschen. Ingwer schälen. Garnelen von Kopf, Schale und Darm befreien und fein hacken. Schinken, Lauch, Ingwer und Spinat ebenfalls hacken. Diese Zutaten mischen und mit Eiweiß, Reiswein und Salz verrühren.

**4** Eierkuchen dünn mit Speisestärke bestreuen. Füllung darauf verstreichen. Die Eierkuchen von zwei Seiten aus nach innen einrollen, so daß sich die beiden Rollen in der Mitte treffen.

**5** Die Rollen auf einen Teller geben. In einen weiten Topf etwa 4 cm hoch Wasser füllen, eine umgedrehte Tasse hineinstellen und das Wasser zum Kochen bringen. Den Teller mit den Rollen auf die Tasse stellen und die Eierrollen zugedeckt 7–8 Min. bei mittlerer Hitze dämpfen.

**6** Die Eierkuchen etwas abkühlen lassen und in etwa 1 cm lange Stücke schneiden. Mit der Schnittfläche nach oben auf einem Teller anrichten. Sesamöl beim Essen darüber träufeln.

**Info:** Die Form dieser Eierrollen hat in China eine lange Tradition. Die sogenannte Glücksform, »Ruyi«, wird für Schmuck, Stoffmuster (Seide) und als Verzierung in der Architektur verwendet. Auch Schuhe wurden früher damit verziert.

# Süß-scharfer Rettich

**Suan La Luo Bo**

*Aus Nordchina · Geht schnell*

*Zutaten für 1 Servierteller*
*(2 Portionen):*
*300 g weißer Rettich*
*1 große Möhre · Salz*
*3 dünne Scheiben Ingwerwurzel*
*1 EL Zucker · 1 EL brauner Essig*
*1 EL helle Sojasauce · 3 EL Pflanzenöl*
*3 getrocknete Chilischoten*
*2–3 EL Sesamöl*

*Zubereitungszeit: 25 Min.*

*Pro Portion: 1200 kJ/ 290 kcal*

**1** Rettich und Möhre schälen und mit dem Gurkenhobel der Länge nach in dünne Scheiben schneiden. Dann die Scheiben ebenfalls der Länge nach in feine Streifen schneiden.

**2** Die Streifen mit Salz bestreuen und Wasser ziehen lassen. Dann in einem Sieb abspülen, abtropfen lassen und in eine Schüssel geben.

**3** Ingwer schälen und in Streifen schneiden. Zucker, Essig, Sojasauce und Ingwer mischen und über den Gemüsestreifen verteilen.

**4** Pflanzenöl in einer Pfanne oder im Wok erhitzen. Chilischoten darin bei mittlerer bis starker Hitze braten, bis sie dunkelrot sind. Dann die Schoten wieder herausnehmen und das heiße Öl sofort über den Rettich gießen.

**5** Den Rettich zudecken und etwa 10 Min. ziehen lassen. Erst beim Essen mit Sesamöl beträufeln.

# Hühnerfleisch-Salat

*Aus Sichuan · Gelingt leicht* **Bang Bang Ji**

*Zutaten für 1 Servierteller*
*(2 Portionen):*
*250 g rohe Hühnerbrust*
*ohne Haut und Knochen*
*½ Gurke*
*2 Frühlingszwiebeln*
*2 EL Sesampaste*
*(aus dem Naturkostladen;*
*ersatzweise Erdnußpaste)*
*1 TL Zucker*
*1½ EL dunkle Sojasauce*
*1 Msp. Sichuan-Pfeffer,*
*frisch gemahlen*
*1 TL Chiliöl*
*1 EL Sesamöl*

*Zubereitungszeit: 40 Min.*

*Pro Portion: 1500 kJ/ 360 kcal*

**1** Hühnerfleisch in einen Topf geben und bei mittlerer Hitze mit etwa ½ l Wasser 10–15 Min. kochen.

**2** Inzwischen Gurke waschen und längs halbieren. Die Kerne herauslösen, die Hälften in etwa 10 cm lange Stücke schneiden, dann längs in dünne Scheiben. Die Scheiben mit Salz bestreuen und etwa 10 Min. Wasser ziehen lassen. Mit Küchenpapier trockentupfen.

**3** Das Hühnerfleisch trockentupfen und anschließend mit dem Teigholz oder dem Fleischklopfer klopfen, bis die Fasern sich lockern. Dann in längliche, feine Stücke zupfen.

**4** Gurkenscheiben auf einer runden Servierplatte von der Mitte aus strahlenförmig anrichten, so daß die Scheiben sich leicht überschneiden. Die Hühnerfleischstreifen in die Mitte geben. Frühlingszwiebeln waschen, in dünne Scheiben schneiden, um das Hühnerfleisch herum auf die Gurken legen.

**5** Sesampaste mit Zucker, Sojasauce, Sichuan-Pfeffer und beiden Ölsorten verrühren. 2–4 EL Wasser unterrühren, bis die Sauce die Konsistenz von Mayonnaise hat. Sauce in die Mitte über das Hühnerfleisch geben, erst kurz vor dem Servieren unterrühren.

**Info:** Wörtlich übersetzt heißt dieses Gericht »Stock-Hühnchen«, weil es mit dem Stock geklopft wird.

# Ölsorten

In der chinesischen Küche sind die geschmacksneutralen Pflanzenöle von großer Bedeutung, da sie wegen ihrer Hitzebeständigkeit gut zum Braten und Fritieren geeignet sind. Am besten verwenden Sie Sonnenblumenöl oder Erdnußöl. Olivenöl ist wegen seines starken Eigenaromas nicht geeignet.

Neben diesen »neutralen« Ölen werden in der chinesischen Küche noch Sesamöl und Chiliöl verwendet. Sie dienen aber beide zum Würzen und Verfeinern der Speisen. Sesam ist als Ölfrucht schon seit über 4000 Jahren bekannt. Sesamöl wird aus hellen oder dunklen Sesamsamen

*An allen Straßenecken werden in Öl fritierte Kringel als Frühstück verkauft.*

hergestellt und ist intensiv im Geschmack. Es ist auch in China recht teuer und wird daher sparsam – eben als Gewürz – verwendet. Chiliöl wird in der chinesischen Küche sowohl als Dip wie auch zum Würzen genommen. Sein Aroma und seine Schärfe erhält

es durch die Zutaten Ingwer, Frühlingszwiebeln, Sellerie, Sichuan-Pfeffer und Chilischoten. Da Chilischoten sehr unterschiedlich scharf sind, sollten Sie das Öl in jedem Fall zunächst vorsichtig verwenden.

# Kristall-Garnelen

**Shui Jin Xia Pian**

*Aus Peking · Gut vorzubereiten*

*Zutaten für 1 Servierteller*
*(2–3 Portionen):*
*500 g rohe Garnelen*
*1½ EL Speisestärke*
*1 Frühlingszwiebel*
*30 g Bambussprossen*
*30 g frische Tongku-Pilze (Shiitake)*
*100 ml Fleischbrühe*
*(ersatzweise Wasser)*
*1 EL Reiswein*
*2 EL Sesamöl*
*½ TL weißer Pfeffer,*
*frisch gemahlen*
*Salz · 1 Eiweiß*

*Zubereitungszeit: 45 Min.*

*Bei 3 Portionen pro Portion:*
*1400 kJ/ 330 kcal*

**1** Garnelen von Kopf, Schale und vom dunklen Darm befreien. Abtropfen lassen und in Speisestärke wälzen. Garnelen dann mit einer Teigrolle leicht flachrollen.

**2** Frühlingszwiebel von den dunkelgrünen Blatteilen befreien, waschen und fein hacken. Bambussprossen ebenfalls fein hacken. Pilze putzen.

**3** Für die Sauce Fleischbrühe oder Wasser in einem Topf zum Kochen bringen. Mit Reiswein, Sesamöl, Pfeffer und Salz würzen. Bambus und Frühlingszwiebel untermischen. Dann Topf von der Platte ziehen.

**4** In einem Topf ½ l Wasser zum Kochen bringen. Garnelen durch das Eiweiß ziehen und je nach Größe ½–2 Min. im kochenden Wasser garen. In einem anderen Topf in sprudelnd kochendem Wasser Tongku-Pilze etwa 1 Min. blanchieren. Garnelen und Pilze gründlich abtrocknen. Pilze in Scheiben schneiden. Garnelen in Scheiben von etwa ½ cm Dicke schneiden.

**5** Sauce nochmals kurz erhitzen. Garnelen und Pilze ringförmig auf einem Teller anrichten. Die Sauce dazugießen.

**Variante:** In die Sauce etwa 1 TL Stärke (mit 2 EL Wasser angerührt) geben und kurz kochen. Korianderblätter mit den Garnelen und den Pilzen in eine Form legen. Die Sauce darüber gießen. Dann im Kühlschrank fest werden lassen. Stürzen und servieren.

# Tofu mit Frühlingszwiebeln

**Xiao Cong Ban Dou Fu**

*Aus Nordchina · Gut vorzubereiten*

*Zutaten für 1 Servierteller*
*(3 Portionen):*
*1 Päckchen Instant-Tofu*
*(ersatzweise 250 g Tofu)*
*2 Frühlingszwiebeln*
*3–4 EL Sesamöl*
*Salz*

*Zubereitungszeit: 15 Min.*
*(+30 Min. Ruhen)*

*Pro Portion: 735 kJ/ 175 kcal*

**1** In einen Topf 600 ml Wasser geben und zum Kochen bringen. Tofupulver (großes Päckchen) mit einem Schneebesen einrühren. Die Masse unter Rühren 3–4 Min. kochen.

**2** Topf vom Herd nehmen. Das Gerinnungsmittel (kleines Päckchen) unterrühren und den Tofu in eine flache Schale oder Schüssel füllen. Die Masse etwa 30 Min. stehenlassen, bis sie zusammenhält.

**3** Von den Frühlingszwiebeln die dunkelgrünen Teile und die Wurzeln abschneiden. Frühlingszwiebeln waschen und in feine Scheiben schneiden.

**4** Tofu entweder in der Schale würfeln oder in Würfel schneiden und in einer Schüssel anrichten. Frühlingszwiebeln darübergeben.

**5** Sesamöl mit Salz verrühren und über den Tofu geben.

**Info:** Wörtlich übersetzt heißt dieses Gericht »Grün und weiß«, was die gleiche Bedeutung hat wie unschuldig sein. In China sagt man von einem Menschen mit dieser Eigenschaft: »Er ist Tofu mit Frühlingszwiebeln.«

**Tip!** Zusätzlich zum Sesamöl schmecken ein paar Tropfen Chiliöl sehr gut.

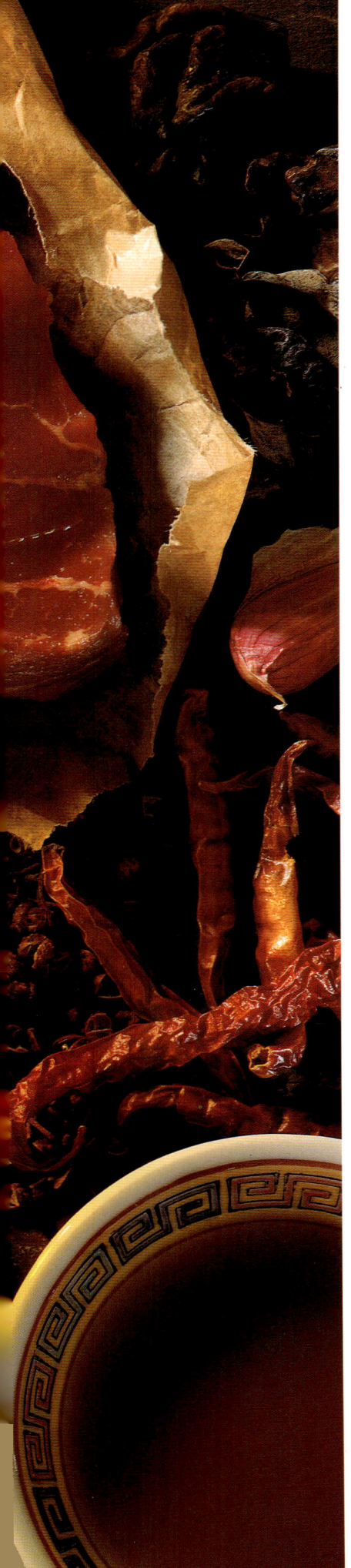

# FLEISCH UND GEFLÜGEL

**Der junge Mann wartet auf einen Käufer, der aus der Ente ein köstliches Festessen machen wird.**

V on allen Fleischsorten wird Schweinefleisch in China am häufigsten gegessen. So beliebt ist es nicht nur wegen seines Geschmacks, sondern auch, weil es sich mit vielen verschiedenen Zutaten hervorragend kombinieren läßt. Rindfleisch wurde in China früher kaum gegessen, da Rinder als unabkömmliche Nutztiere in der Landwirtschaft dienten. Erst in den letzten Jahren hat Rindfleisch an Bedeutung gewonnen und wird häufiger, meist mit Gemüse, serviert. Lamm war früher fast ausschließlich den moslemischen Nationalitäten vorbehalten, die kein Schweinefleisch essen dürfen. Auch heute wird Lamm in China eher selten angeboten. Genauso beliebt wie Schweinefleisch ist bei den Chinesen Hähnchen, das nicht nur einen wunderbar zarten Geschmack hat, sondern darüber hinaus sehr gesund ist. Daß das Huhn tatsächlich auch gut schmeckt, ist in China schon deshalb garantiert, weil hauptsächlich freilaufendes Geflügel angeboten wird. Auch viele andere Fleischsorten schmecken in China besonders gut, weil die Tiere noch natürlich aufgezogen werden. Ente ist etwas ganz Besonderes in China und wird fast nur zu festlichen Anlässen serviert, denn ihre Zubereitung erfordert meist etwas mehr Geschick und auch Zeit.

# Rindfleisch mit Rettich

**Wintergericht · Geht schnell**     **Luo Bo Niu Rou Si**

**Zutaten für 1 Servierteller
(2 Portionen):
200 g Rinderfilet
Salz
1 TL Speisestärke,
in 2 EL Wasser angerührt
150 g weißer Rettich
15 g chinesischer Schnittlauch,
ersatzweise junger Knoblauch
2–3 dünne Scheiben Ingwerwurzel
1 EL helle Sojasauce
4 EL Fleischbrühe oder Wasser
4–5 EL Pflanzenöl
1 Msp. Sichuan-Pfeffer,
frisch gemahlen**

**Zubereitungszeit: 30 Min.**

**Pro Portion: 1200 kJ/ 290 kcal**

**1** Rindfleisch waschen und trockentupfen, dann in dünne, etwa 4 cm lange Streifen schneiden. Mit etwas Salz und einem Drittel der angerührten Speisestärke mischen.

**2** Rettich schälen und ebenfalls in dünne, etwa 4 cm lange Streifen schneiden oder hobeln. Schnittknoblauch waschen und in etwa 4 cm lange Stücke schneiden. Oder Knoblauch schälen und in dünne Scheiben schneiden. Ingwer schälen und hacken. Sojasauce mit übriger Stärke und Brühe oder Wasser verrühren.

**3** In einer Pfanne oder im Wok 2 EL Öl erhitzen. Rettich darin bei starker Hitze unter Rühren etwa 1 Min. anbraten, wieder herausnehmen.

**4** Restliches Öl erhitzen. Fleisch darin bei starker Hitze unter Rühren etwa 1 Min. braten. Ingwer, Schnittknoblauch (oder Knoblauch) und Rettich

dazugeben und alles noch einmal kurz braten. Angerührte Sauce untermischen und die Mischung einmal aufkochen lassen.

**5** Rindfleisch salzen, auf einen Servierteller geben und mit Sichuan-Pfeffer bestreuen.

**Variante:** Dieses Gericht schmeckt auch mit grüner Paprikaschote oder Zwiebel statt Rettich. Auch ein bißchen salzige Bohnenpaste (Tian Mian Jiang, gibt es im Asien-Laden) schmeckt gut in der Sauce.

**Info:** Chinesische Gerichte werden häufig mit Verzierungen aus Gemüsesorten wie Möhren, Gurken oder Tomaten serviert. Für die Rettichblumen werden rohe Rettichscheiben mit der Küchenschere eingeschnitten. In die Mitte der Blumen können Sie dünne Frühlingszwiebelscheiben legen.

# Rindfleisch mit Sellerie

*Aus Nordchina · Gelingt leicht*

**Gan Bian Niu Rou Si**

*Zutaten für 1 Servierteller*
*(2 Portionen):*
*250 g Rinderfilet*
*100 g zarter Stangensellerie*
*5-6 dünne Scheiben Ingwerwurzel*
*4 EL Pflanzenöl*
*Salz*
*3 EL Reiswein*
*2 EL scharfe Bohnenpaste*
*½ TL Zucker*
*1 Msp. Sichuan-Pfeffer,*
*frisch gemahlen*

*Zubereitungszeit: 25 Min.*

*Pro Portion: 2000 kJ/ 480 kcal*

**1** Fleisch waschen, trockentupfen und in etwa 3 cm lange, dünne Streifen schneiden. Sellerie waschen, putzen und die Blätter entfernen. Falls die Stangen sehr dick sind, 1- oder 2mal längs halbieren, damit sie zur Fleischgröße passen. Dann in Stücke von etwa 3 cm Länge schneiden. Ingwer schälen und in dünne Streifen schneiden.

**2** Öl in einer Pfanne oder im Wok erhitzen. Rindfleisch darin bei starker Hitze unter Rühren kurz anbraten. Salz, Reiswein und Ingwer dazugeben und kurz weitergaren, bis das Fleisch sich braun gefärbt hat.

**3** Bohnenpaste untermischen und kurz weiterrühren. Dann Sellerie ebenfalls dazugeben, und alles unter Rühren noch etwa 3 Min. garen, bis der Sellerie bißfest ist.

**4** Das Gericht mit Zucker abschmecken, auf den Servierteller geben und mit Sichuan-Pfeffer bestreuen.

**Info:** Wörtlich übersetzt heißt dieses Gericht »trocken gebratenes Fleisch«, da es keine Sauce hat.

**Tip!** Sehr gut schmeckt das Gericht auch mit geröstetem Sesam. Dazu müssen Sie den Sesam in einer Pfanne ohne Fett unter ständigem Rühren bei mittlerer Hitze braten, bis er würzig duftet und leicht gebräunt ist. Sie können den Sesam kurz vor dem Essen auf das Gericht streuen. Oder Sie stellen den Sesam in einem Schälchen auf den Tisch, so daß sich jeder selbst nehmen kann.

# Rindfleisch mit Tomaten

**Fan Qie Niu Rou**

*Braucht etwas Zeit · Gelingt leicht*

*Zutaten für 1 Servierteller*
*(2 Portionen):*
*250 g Rinderfilet*
*100 g Eiertomaten*
*1 Frühlingszwiebel*
*4 dünne Scheiben Ingwerwurzel*
*4 EL Pflanzenöl*
*1 Stück Sternanis*
*3 TL Zucker*
*Salz*
*1 TL Speisestärke, in 2 EL Wasser*
*angerührt*
*1–2 EL Sesamöl*

*Zubereitungszeit: 20 Min.*
*(+ 25 Min. Garen)*

*Pro Portion: 2100 kJ/ 500 kcal*

**1** Fleisch waschen, in einen Topf geben, mit Wasser bedecken und dieses zum Kochen bringen. Fleisch zugedeckt bei mittlerer Hitze etwa 25 Min. garen, bis es sich leicht einstechen läßt. Dann herausnehmen und etwas abkühlen lassen. Von der Brühe 100 ml abmessen und aufheben.

**2** Fleisch in etwa 4 cm lange, 3 cm breite und 1 cm dicke Stücke schneiden. Tomaten waschen, vom Stielansatz befreien und vierteln. Frühlingszwiebel waschen, putzen und in 3 Stücke von je etwa 3 cm Länge schneiden. Das Stück mit der Wurzel beiseite legen. Ingwerscheiben schälen.

**3** Pflanzenöl in einer Pfanne oder im Wok erhitzen. Sternanis hineingeben und unter Rühren anbraten, bis er

würzig duftet. Frühlingszwiebel und Ingwer dazugeben und alles unter Rühren ½ Min. bei starker Hitze braten. Brühe angießen und aufkochen. Fleisch untermischen und alles 5 Min. kochen lassen.

**4** Ingwer, Frühlingszwiebel und Anis herausfischen. Tomaten, Zucker und Salz zum Fleisch geben, Speisestärke untermischen und alles einmal aufkochen lassen, bis die Sauce dickflüssig wird. Das Gericht mit Sesamöl beträufelt servieren.

**Tip!** Von dem beiseite gelegten Endstück der Frühlingszwiebel die Wurzel abschneiden, dann das Stück längs bis etwa ½ cm vor dem Ende in feine Streifen schneiden. Bis zum Servieren in kaltes Wasser legen.

## Stärke

Stärke ist in der chinesischen Küche sehr wichtig. Sie wird aus Getreide, Kartoffeln oder Hülsenfrüchten hergestellt, in der chinesischen Küche wird meistens Kartoffelstärke verwendet. Kleingeschnittenes Fleisch wird vor dem Braten oft in Stärke gewendet. Es bleibt dadurch schön zart und besonders aromatisch. Auch zum Andicken von Saucen wird Stärke verwendet. Dabei müssen Sie die Hitze kontrollieren, sonst wird die Sauce zu dick. Sie können den Wok ruhig kurz vom Herd ziehen. Auch für die Zubereitung von chinesischen Süßigkeiten ist Stärke sehr wichtig. Hier wird Maisstärke verwendet. Sie ist nicht so klebrig wie andere Sorten.

*Maisstärke umhüllt diese zarte Süßigkeit aus Lotossamenpaste.*

Der Teig für die transparente Hülle, in die viele chinesische Süßigkeiten gewickelt sind, wird aus Schweineschmalz, Maisstärke und heißem

Wasser angerührt. Zum Bearbeiten des Teiges verwenden die Chinesen kein Nudelholz, sondern sie formen den Teig mit dem Küchenbeil.

# Rindfleisch mit Austernsauce

*Aus Kanton · Raffiniert*

**Hao You Niu Rou**

*Zutaten für 1 Servierteller
(2 Portionen):
250 g Rinderfilet
1 TL Speisestärke, in 2 EL Wasser
angerührt
2 Frühlingszwiebeln
1 dünne Scheibe Ingwerwurzel
2 Knoblauchzehen
4 EL Pflanzenöl
25 g Cashewkerne
1 EL dunkle Sojasauce
2 EL Austernsauce
1 TL Sesamöl*

*Zubereitungszeit: 25 Min.*

*Pro Portion: 1900 kJ/ 450 kcal*

**1** Fleisch waschen, trockentupfen und in etwa ½ cm dicke und 3–4 cm lange Streifen schneiden. Mit einem Drittel der angerührten Stärke mischen.

**2** Frühlingszwiebeln putzen und in 3–4 cm lange Stücke schneiden. Dickere Teile längs halbieren. Ingwer und Knoblauch schälen und fein hacken.

**3** In einer Pfanne oder einem Wok 2 EL Öl erhitzen. Fleisch darin bei starker Hitze unter Rühren anbraten, bis es sich verfärbt hat. Anschließend wieder herausnehmen.

**4** Wieder 2 EL Öl in die Pfanne oder den Wok geben. Frühlingszwiebeln, Knoblauch und Ingwer darin unter Rühren bei starker Hitze kurz braten, bis alles würzig duftet. Cashewkerne dazugeben und etwa 1 Min. mitbraten.

**5** Fleisch, Soja- und Austernsauce untermischen und alles erwärmen, übrige Speisestärke dazugeben und die Mischung noch einmal aufkochen lassen. Das Gericht auf einem Servierteller anrichten und mit Sesamöl beträufeln.

**Variante:** Das Gericht schmeckt auch sehr gut mit Hühnerschenkeln, die vor dem Garen mit Knochen in Stücke gehackt werden. Die Zubereitung ist die gleiche. Sie müssen nur die Cashewkerne weglassen (Schritt 4) und statt dessen etwa 1 Tasse Wasser dazugeben. Das Hühnerfleisch dann etwa 15 Min. zugedeckt garen. Deckel abnehmen und die Flüssigkeit bei starker Hitze einkochen lassen.

# Lamm mit Lauch

**Aus Südchina · Festlich**  **Cong Liu Yang Li Ji**

**Zutaten für 1 Servierteller
(2 Portionen):**
**250 g Lammkeule ohne Knochen**
**250 g dünne Lauchstangen**
**2–3 Knoblauchzehen**
**30 g Bambussprossen**
**1 Eiweiß**
**1 EL Reiswein**
**Salz**
**1 TL Speisestärke, mit 2 EL Wasser
angerührt**
**½ l Pflanzenöl zum Fritieren**
**1 EL helle Sojasauce**
**1 EL Sesamöl**

**Zubereitungszeit: 30 Min.**

**Pro Portion: 3000 kJ/ 710 kcal**

**1** Lammfleisch waschen, trocken-tupfen und von den Sehnen befreien. Dann in etwa 4 cm lange, 2 cm breite und dünne Scheiben schneiden. Lauch putzen, waschen, von den dunkelgrünen Stellen befreien und schräg in etwa 1 cm dicke Scheiben schneiden. Knoblauch schälen und in Scheiben schneiden. Bambus der Länge nach ebenfalls in Scheiben teilen.

**2** Eiweiß mit Reiswein, etwas Salz, der Hälfte der Stärke und 1 TL Pflanzenöl mischen und unter das Fleisch rühren.

**3** Sojasauce, restliche Speisestärke und 3 EL Wasser mischen.

**4** Restliches Pflanzenöl in einem Topf oder Wok erhitzen. Es ist heiß genug, wenn an einem hölzernen Stäbchen, das Sie ins heiße Öl tauchen, kleine Bläschen aufsteigen. Fleisch hinein-geben und etwa 2 Min. fritieren. Dann herausnehmen und abtropfen lassen, dabei den Fleischsaft auffangen.

**5** Öl bis auf 2 EL aus dem Topf gießen. Knoblauch darin unter Rühren bei starker Hitze braten, bis er duftet. Lauch und Bambus dazugeben und alles unter Rühren etwa 2 Min. braten. Lammfleisch, die vermengte Sauce und den aufgefangenen Fleischsaft unter-rühren und noch einmal erhitzen. Lammfleisch vor dem Servieren mit Sesamöl beträufeln.

# Süß-saures Schweinefleisch

**Aus Kanton**

**Fan Qie Gu Lao Rou**

**Zutaten für 1 Servierteller
(2 Portionen):
150 g Schweinefilet
2 ½ EL Speisestärke,
mit 1 ½ EL Wasser verrührt
Salz · 1 Ei · 1 Frühlingszwiebel
3 Knoblauchzehen
½ l Pflanzenöl zum Fritieren
3 EL passierte Tomaten
(aus der Packung)
2 EL Fleischbrühe oder Wasser
3–5 EL Zucker · 2 EL heller Essig**

**Zubereitungszeit: 30 Min.**

**Pro Portion: 2900 kJ/ 690 kcal**

**1** Fleisch waschen, trockentupfen und in 4 cm lange, 1½ cm breite und 1 cm dicke Stücke schneiden.

**2** Speisestärke, Salz und Ei verquirlen und unter die Fleischstücke rühren.

**3** Frühlingszwiebel putzen und in feine Scheiben schneiden. Knoblauch schälen und ebenfalls in feine Scheiben schneiden.

**4** Öl in einer Pfanne oder einem Wok erhitzen. Es ist heiß genug, wenn an einem Holzstäbchen, das Sie ins heiße Öl tauchen, kleine Bläschen aufsteigen.

Fleischstücke darin in 2–3 Portionen je etwa 3 Min. fritieren, bis der Teigmantel goldgelb ist.

**5** Öl bis auf einen dünnen Film ausgießen. Frühlingszwiebel und Knoblauch im restlichen Öl unter Rühren kurz braten, bis alles würzig duftet. Tomaten und Brühe oder Wasser dazugeben. Sauce mit Zucker, Essig und Salz abschmecken und unter Rühren garen, bis sie dickflüssig ist.

**6** Fleisch untermischen und das Gericht sofort servieren, damit die Fleischstücke knusprig bleiben.

# Schweinefleisch mit Fischduft

**Aus Peking · Gelingt leicht**

**Yu Xiang Rou Si**

**Zutaten für 1 Servierteller
(2 Portionen):
25 g getrocknete Tongku-Pilze
150 g Schweinefilet
1 Eiweiß · 2 ½ EL Speisestärke,
in 4 EL Wasser angerührt
Salz
je 25 g rote und grüne Paprikaschote
1 Frühlingszwiebel
3 dünne Scheiben Ingwerwurzel
5 EL Pflanzenöl
1 EL Reiswein · 4 TL Zucker
1 EL brauner Essig
1 ½ EL dunkle Sojasauce
25 g Bambussprossen
1 EL Chiliöl, ersatzweise Pflanzenöl**

**Zubereitungszeit: 35 Min.**

**Pro Portion: 2200 kJ/ 520 kcal**

**1** Pilze in heißem Wasser etwa 20 Min. einweichen. Inzwischen Fleisch waschen, trockentupfen und in etwa 5 cm lange, ½ cm dicke Streifen schneiden. Eiweiß mit ⅓ von der angerührten Speisestärke und etwas Salz verrühren und unter das Fleisch mischen.

**2** Paprikastücke waschen und in dünne Streifen schneiden. Frühlingszwiebel putzen, Ingwer schälen und beides fein hacken.

**3** Öl bei mittlerer Hitze in einer Pfanne oder einem Wok erwärmen. Fleisch hineingeben und unter Rühren nur so lange garen, bis das Eiweiß stockt. Dann die Mischung herausnehmen.

**4** Für die Sauce Reiswein, Zucker, Salz, Essig, Sojasauce und den Rest der angerührten Stärke mischen. Pilze aus dem Wasser nehmen, von den Stielen befreien und mit den Bambussprossen in streichholzdünne Streifen schneiden.

**5** Chiliöl in die Pfanne oder den Wok geben und erhitzen. Paprika, Pilze, Bambus, Frühlingszwiebel und Ingwer darin unter Rühren bei starker Hitze 1–2 Min. braten. Anschließend das Fleisch wieder dazugeben.

**6** Die Sauce unterrühren und leicht erhitzen, bis sie dickflüssig ist. Mit Salz abschmecken. Nach Wunsch etwas Flüssigkeit (Wasser) untermischen.

# Pillen-Klöße

**Aus Hubei · Braucht etwas Zeit** · Zhen Zhu Rou Yuan

*Zutaten für 1 Servierteller*
*(3 Portionen):*
*200 g Klebreis*
*100 g Wasserkastanien*
*3 dünne Scheiben Ingwerwurzel*
*1 EL Reiswein*
*Salz*
*1 EL Speisestärke,*
*in 2 EL Wasser angerührt*
*400 g gehacktes Schweinefleisch*
*5–6 zarte Blätter Chinakohl*

*Zubereitungszeit: 1 Std.*

*Pro Portion: 3065 kJ/ 735 kcal*

**1** Reichlich Wasser in einem großen Topf zum Kochen bringen. Klebreis in einem Sieb waschen, dann 2 Min. in kochendem Wasser vorgaren. Reis anschließend in einem Sieb abtropfen lassen.

**2** Wasserkastanien fein hacken. Ingwer schälen und fein zerkleinern.

**3** Reiswein, Salz, Ingwer, Wasserkastanien und angerührte Speisestärke mit dem Hackfleisch mischen. Dabei immer in einer Richtung rühren, bis der Fleischteig gut bindet.

**4** Aus dem Teig kastaniengroße Kugeln formen. Klebreis auf einen großen Teller geben und die Klößchen darin wälzen, bis sie rundherum davon überzogen sind.

**5** Chinakohlblätter waschen und evtl. von dicken Blattrippen befreien. Einen ausreichend großen, hitzebeständigen Teller damit auslegen und die Kugeln ordentlich darauf anordnen.

**6** In einen großen Topf eine umgedrehte Tasse stellen. Etwa 3 cm hoch Wasser einfüllen. Den Teller darauf stellen und die Klößchen über dem heißen Wasserdampf zugedeckt bei mittlerer Hitze etwa 15 Min. garen, bis der Reis weich ist. (Am besten nehmen Sie zum Dämpfen ein chinesisches Bambusdämpfkörbchen – es sieht auch bei einer Einladung attraktiv aus.)

**7** Klößchen sofort servieren, sonst wird der Reis wieder hart.

**Tip!** Die Klößchen schmecken als Hauptgericht, aber auch als originelle Vorspeise bei einem festlichen Essen mit Freunden.

# Dämpfen

Dämpfen ist eine verbreitete Garmethode in der chinesischen Küche,
besonders für die Zubereitung von
Grundnahrungsmitteln. Beim Dämpfen
garen die Zutaten über heißem
Wasserdampf, das heißt, sie kommen
mit der Flüssigkeit nicht in Berührung.
Durch die starke Hitze und die kurze
Garzeit bleiben Aroma, Farbe,
Vitamine und Geschmack der Zutaten
erhalten. Den chinesischen Bambusdämpfer gibt es in China in Größen
von 15 cm bis über einen Meter
Durchmesser. Die einzelnen Körbe
werden mit den Zutaten gefüllt, wie
eine Pagoge aufeinandergeschichtet
und auf eine Pfanne oder einen Wok

*Im Teehaus werden frische Speisen aus dem Bambusdämpfer angeboten.*

mit kochendem Wasser gestellt. Diese
Methode ist noch besser als die bei uns
übliche mit dem Teller auf der umge-
drehten Tasse, da das Bambusgeflecht
durchlässig ist und so der Wasserdampf
optimal hochsteigen kann. Wenn Sie die
Körbe mit einem dünnen, feuchten Tuch

auslegen, kleben die Speisen nicht,
und Sie müssen den Topf nicht
reinigen. Falls Sie den Bambusdämpfer auf den Tisch stellen, sieht
es sehr hübsch aus, wenn Sie ihn
vor dem Dämpfen mit Salatblättern
auslegen.

# Fleisch in Eihülle

*Aus Nordchina · Braucht etwas Zeit*   **Bai Zhi Dan Jiao**

*Zutaten für 1 Servierteller
(3–4 Portionen):*
*4–5 Eier (etwa 200 g)*
*100 g rohe Garnelen*
*1 Stück Lauch (etwa 10 g)*
*2 dünne Scheiben Ingwerwurzel*
*200 g gehacktes Schweinefleisch*
*Salz*
*2 TL Reiswein*
*1 TL trockene Speisestärke
+ 1 TL Speisestärke,
in 2 EL Wasser angerührt
nach Belieben:*
*30 g Bambussprossen*
*50 g roh geräucherter Schinken*
*50 g Schweineschmalz*
*200 ml Pflanzenöl zum Fritieren*
*200 ml Fleischbrühe oder Wasser*
*30 g enthülste Erbsen
(frisch oder tiefgefroren)*

*Zubereitungszeit: 1½ Std.*

*Bei 4 Portionen pro Portion:*
*2700 kJ/ 640 kcal*

**1** 2 Eier trennen. Je 1 Eiweiß in eine Schüssel geben. Garnelen von Kopf, Schale und Darm befreien und fein hacken. Lauch putzen und waschen, Ingwer schälen und beides fein zerkleinern.

**2** Hackfleisch mit Salz, Ingwer, Lauch und 1 TL Reiswein zu 1 Eiweiß geben und mischen. Alles in eine Richtung rühren, bis der Fleischteig bindet. Dann zu kleinen Klößchen formen.

**3** Garnelen zum anderen Eiweiß geben und mit Salz und der trockenen Speisestärke verrühren. Bambus und Schinken in erbsengroße Würfel schneiden.

**4** Restliche Eier und Eigelbe mit Salz und der Hälfte der angerührten Stärke verquirlen.

**5** Pfanne erhitzen. Etwas Schweineschmalz darin zerlaufen lassen. 1 EL Eierteig in die Pfanne geben und dünn verteilen. Den Eierkuchen bei mittlerer Hitze stocken lassen.

**6** Ein Fleischklößchen auf eine Hälfte des Eierteiges legen, die andere Hälfte darüber klappen. Die Ränder kleben dabei zusammen. Klößchen im Teig vorsichtig aus der Pfanne nehmen und auf einen hitzebeständigen Teller legen.

**7** Alle Fleischklößchen auf diese Weise zubereiten. In einen großen Topf eine umgedrehte Tasse stellen, 3–4 cm hoch Wasser einfüllen und zum Kochen bringen. Den Teller mit den Klößchen darauf stellen. Das Ganze zugedeckt bei starker Hitze etwa 5 Min. dämpfen.

**8** Öl bei mittlerer Hitze in einer Pfanne oder einem Wok erwärmen. Garnelen hineingeben und durchrühren. Garen, bis das Eiweiß weiß wird, dann herausfischen und abtropfen lassen.

**9** Öl bis auf einen dünnen Film aus der Pfanne gießen. Bambus, Schinken und Erbsen darin kurz braten. Übrigen Reiswein dazugeben, Brühe oder Wasser angießen, mit Salz abschmecken und die Garnelen dazugeben. Restliche angerührte Stärke dazugeben und die Sauce einmal aufkochen lassen. Sauce über die Fleischklößchen gießen.

**Tip!** Besonders hübsch sieht der Servierteller aus, wenn Sie den Rand mit halbierten Gurkenscheiben verzieren.

# Hühnerwürfel in Sauce

**Gong Bao Ji Ding**

*Aus Sichuan · Geht schnell*

*Zutaten für 1 Servierteller*
*(2 Portionen):*
*150 g Hühnerbrust · Salz*
*1 TL Speisestärke, in 2 EL Wasser*
*angerührt · 1 TL Reiswein*
*1 walnußgroßes Stück Ingwerwurzel*
*3–5 Knoblauchzehen · 1 Frühlings-*
*zwiebel · 3 getrocknete Chilischoten*
*100 g rote Paprikaschote*
*50 g Bambussprossen · 2 TL Zucker*
*2 EL dunkle Sojasauce*
*2 EL brauner Essig · 4 EL Pflanzenöl*
*25 g Erdnüsse*
*20 Sichuan-Pfefferkörner*

*Zubereitungszeit: 30 Min.*

*Pro Portion: 1600 kJ/ 380 kcal*

**1** Hühnerfleisch in etwa 1½ cm große Würfel schneiden. Mit etwas Salz, der Hälfte der Stärke und Reiswein mischen.

**2** Ingwer und Knoblauch schälen, Frühlingszwiebel putzen und alles in dünne Scheiben schneiden. Chilischoten in 1 cm lange Stücke teilen. (Hände danach gründlich waschen, keinesfalls in die Augen bringen.) Paprikaschote waschen und in etwa 1½ cm große Würfel schneiden. Bambussprossen ebenfalls in 1½ cm große Würfel schneiden.

**3** Zucker, Sojasauce, Essig, restliche Speisestärke und etwas Salz in einem Schälchen mischen.

**4** Öl in einer Pfanne oder einem Wok erhitzen. Erdnüsse darin goldgelb braten. Mit einem Schaumlöffel herausnehmen. Chili und Sichuan-Pfeffer bei starker Hitze im Öl braten, bis sie würzig duften. Ebenfalls herausnehmen.

**5** Anschließend Hühnerfleisch hineingeben und im Öl anbraten, bis es hell wird. Lauch, Ingwer und Knoblauch sowie Paprikaschote und Bambus dazugeben. Alles 1–2 Min. bei starker Hitze unter Rühren braten, dann die Sauce untermischen. Mit Erdnüssen bestreuen und gleich servieren.

# Fleisch mit Gold und Silber

**Mu Xü Rou**

*Aus Shamdong · Gelingt leicht*

*Zutaten für 1 Servierteller*
*(2 Portionen):*
*20 getrocknete Lilienblüten*
*10 mittelgroße getrocknete*
*Mu-Err-Pilze · 125 g Schweinefilet*
*25 g Gurke, geschält gewogen*
*25 g Bambussprossen*
*1 Stück Lauch (etwa 3 cm lang)*
*3 dünne Scheiben Ingwerwurzel*
*3 Eier · 5 EL Pflanzenöl*
*½ TL trockene Speisestärke*
*+ 1½ TL Speisestärke,*
*in 3 EL Wasser angerührt*
*3 EL helle Sojasauce · 1 TL Reiswein*
*2–3 EL Fleischbrühe oder Wasser*

*Zubereitungszeit: 30 Min.*

*Pro Portion: 2400 kJ/ 570 kcal*

**1** Lilienblüten und Mu-Err-Pilze getrennt in heißem Wasser etwa 10 Min. einweichen. Inzwischen Fleisch in 5 cm lange und ½ cm breite Streifen schneiden. Gurke schälen und in 5 cm lange und 1 cm breite, dünne Stücke teilen. Bambus in streichholzdicke Stücke schneiden. Lauch putzen und waschen, Ingwer schälen und beides fein hacken.

**2** Lilienblüten von den harten Stielen befreien. Lilienblüten und Mu-Err-Pilze gut ausdrücken.

**3** Eier verquirlen. 3 EL Öl in einer Pfanne oder einem Wok erhitzen und die Eiermasse darin bei mittlerer Hitze gut durchbraten, bis ein festes Rührei entsteht, dann herausnehmen.

**4** Fleisch mit trockener Speisestärke mischen. 2 EL Öl erhitzen. Fleisch darin bei mittlerer Hitze unter Rühren 1–2 Min. braten, bis die Stärke glasig ist. Ingwer, Lauch, Sojasauce und Reiswein dazugeben. Alles kurz braten.

**5** Eier, Gurken, Bambus, Lilienbüten und Pilze untermischen. Fleischbrühe oder Wasser und angerührte Speisestärke dazugeben und das Gericht kurz weitergaren, bis es dickflüssig ist.

**Info:** Das Gericht heißt eigentlich »Fleisch mit Gold- und Silberblumen«. In China gibt es weiße und gelbe Lilien. Da Eier ebenfalls weiß und gelb sind, bekam dieses Gericht seinen poetischen Namen.

# Scharf-würziges Hähnchen

**Aus Sichuan · Gelingt leicht**　　Ma La Zi Ji

***Zutaten für 1 Servierteller
(3 Portionen):
1 Hähnchen (etwa 1,2 kg)
5 getrocknete Chilischoten
(nach Belieben mehr)
1–2 Frühlingszwiebeln
4 EL frische Korianderblätter
4 EL Sesamöl
5 EL helle Sojasauce
Salz
2 EL brauner Essig
1 EL Hühnerschmalz (s. Tip)***

***Zubereitungszeit: 30 Min.***

***Pro Portion: 2100 kJ/ 500 kcal***

**1** In einem Topf 2½ l Wasser zum Kochen bringen. Das Hähnchen hineingeben und das Wasser wieder zum Kochen bringen. Den Schaum abschöpfen und das Hähnchen etwa 20 Min. bei mittlerer Hitze zugedeckt ziehen lassen.

**2** Inzwischen Chilischoten in etwa 1 cm lange Stücke schneiden. (Sofort die Hände waschen, Chili brennt wie Feuer, wenn Sie es in die Augen bekommen!) Frühlingszwiebeln putzen und in Streifen schneiden. Koriander waschen und fein hacken.

**3** Hähnchen herausnehmen und leicht abkühlen lassen. 50 ml von der Hühnerbrühe aufheben. Das Fleisch von den Knochen lösen und nach Wunsch auch die Haut entfernen. Das Fleisch in mundgerechte Stücke schneiden und in einer Schale warm halten.

**4** Sesamöl in einer Pfanne oder im Wok erhitzen. Chili und Frühlingszwiebeln darin bei starker Hitze unter Rühren braten, bis es duftet. Sojasauce, Salz, Essig, Hühnerschmalz und 50 ml Hühnerbrühe dazugeben und alles zum Kochen bringen.

**5** Sauce über das Hühnerfleisch gießen. Koriander darüber streuen.

**Tip!** Wenn Sie häufig Hähnchen kochen, sollten Sie auch das Hühnerfett aufbewahren. Nach dem Kochen das Fett abschöpfen und in eine Schale geben. In den Kühlschrank stellen, bis es fest wird. Dieses Fett können Sie zum Beispiel zum Braten von chinesischen Pfannkuchen oder Reis und Gemüse verwenden.

# Knusprige Ente

**Raffiniert · Braucht etwas Zeit**  Xiang Su Ya

**Zutaten für 2 Servierteller**
**(4 Portionen):**
**1 bratfertige Ente (etwa 1,5 kg)**
**20 Sichuan-Pfefferkörner**
**15 g Zimtstange**
**4 Stück Sternanis**
**Salz**
**6 EL Reiswein**
**40 g Lauch + 1 Lauchblatt**
**für die Verzierung**
**40 g Ingwerwurzel**
**2 EL Speisestärke**
**1 l Pflanzenöl zum Fritieren**
**Zum Stippen:**
**Salz**
**einige Körner Sichuan-Pfeffer,**
**im Mörser zerkleinert**

**Zubereitungszeit: 30 Min.**
**(+ 50 Min. Dämpfen)**

**Pro Portion: 4400 kJ/ 1000 kcal**

**1** Ente innen und außen waschen und trockentupfen. Pfefferkörner, Zimt und Anis mit einem großen, schweren Messer hacken. Sie können die Gewürze auch in einen stabilen Plastikbeutel (z.B. Gefrierbeutel) geben und auf einem Brett mit dem Fleischklopfer zerkleinern. Mit Salz und Reiswein mischen und die Ente damit rundherum einreiben. Ente auf einen großen hitzebeständigen Teller legen. Lauch putzen und waschen und in feine Streifen schneiden. Ingwer schälen und ebenfalls in feine Streifen schneiden, beides auf der Ente verteilen.

**2** In einen großen Topf eine Tasse stellen. Etwa 5 cm hoch Wasser angießen. Den Teller mit der Ente darauf stellen und die Ente zugedeckt bei starker Hitze etwa 50 Min. dämpfen. Dabei eventuell immer wieder etwas Wasser nachgießen.

**3** Ente herausheben, abtropfen und abkühlen lassen. Ingwer und Lauch entfernen. Speisestärke auf der Haut der Ente verreiben.

**4** Öl in einem weiten Topf oder im Wok erhitzen. Die Ente darin bei mittlerer Hitze von allen Seiten fritieren, bis sie knusprig und schön gebräunt ist. Das dauert etwa 10 Min.

**5** Inzwischen das Lauchblatt waschen, zusammenfalten und in Rauten schneiden. Diese Rauten von einer Seite vielfach einschneiden. Ente abtropfen lassen und in kleine Stücke schneiden. Auf einer Platte mit den Lauchstücken anrichten und sofort servieren.

**6** Beim Essen die Entenstücke in die Salz-Pfeffer-Mischung stippen.

# Peking-Ente

**Festlich · Raffiniert**

**Bei Jing Kao Ya**

**Zutaten für 1 Ente
(5–6 Portionen):
1 Ente (etwa 2 kg)
Küchengarn
Luftpumpe
3 EL Honig oder Melasse
Für die Sauce:
2 EL Sesamöl
4 EL salzige Sojapaste
(Tian Mian Jiang)
2 TL Zucker
etwa 100 ml heißes Wasser
Außerdem:
12 Frühlingszwiebeln
mindestens 24 Lotusblätter-
Pfannkuchen (s. S. 102)**

**Zubereitungszeit: 2 Std.
(+ mind. 8 Std. Trocknen)**

**Bei 6 Portionen pro Portion:
4400 kJ/ 1000 kcal**

**1** Ente innen und außen waschen. Bauch mit Küchengarn gut zunähen. Am Hals die Haut an einer Stelle mit einem kleinen scharfen Messer vorsichtig in Größe der Öffnung einer Luftpumpe vom Fleisch lösen.

**2** In einem großen Topf 4–5 l Wasser zum Kochen bringen. Inzwischen mit der Luftpumpe langsam Luft unter die Haut der Ente pumpen. Dabei die Haut mit den Fingern immer gut massieren. Soviel Luft einpumpen, bis sich die Haut ringsum vom Fleisch löst.

**3** Ente mit 4–5 l kochendem Wasser überbrühen. Gut abtropfen lassen. Dann mit Honig oder Melasse bestreichen.

**4** Ente mit einem Fleischerhaken an einen kühlen, luftigen Ort hängen und etwa 8 Std. trocknen lassen. Die Haut soll dann ganz trocken sein und sich anfühlen wie Pergament.

**5** Backofen auf 200° (Gas Stufe 3) vorheizen. Ente mit der Brust nach unten in einen Bräter legen. In den Backofen (Mitte) schieben und etwa 20 Min. braten. Dann wenden und weitere 25–30 Min. braten. Noch einmal pro Seite etwa 10 Min. braten, bis die Haut schön rotbraun ist, dabei eine hitzebeständige Schüssel mit heißem Wasser in den Ofen stellen.

**6** Sesamöl, Sojapaste, Zucker und Wasser in einem Topf erhitzen und unter Rühren bei mittlerer Hitze köcheln lassen, bis die Mischung dickflüssig ist. Frühlingszwiebeln putzen, waschen und in 3–4 cm lange Stücke, dann der Länge nach in feine Streifen schneiden.

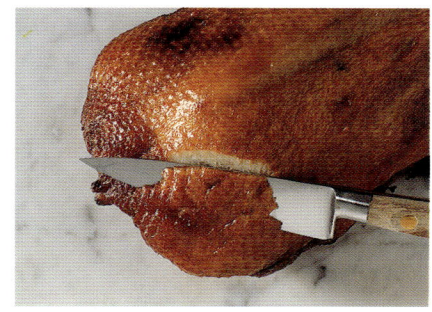

**7** Die knusprige Haut von der Ente lösen und in Stücke schneiden. Das Fleisch schräg ablösen.

**8** Bei Tisch einen Pfannkuchen mit Sauce bestreichen, mit Frühlingszwiebeln und Ente belegen, dann das untere Viertel nach oben schlagen und anschließend seitlich zusammenrollen.

**Info:** Ursprünglich wurde die Ente mit einem Strohhalm aufgeblasen. Da das aber viel zu anstrengend ist, kamen kluge Köche auf die Idee mit der Luftpumpe. Ein wahrer Fachmann schafft es, aus einer Ente 120 Stücke Haut mit oder ohne etwas Fleisch zu schneiden.

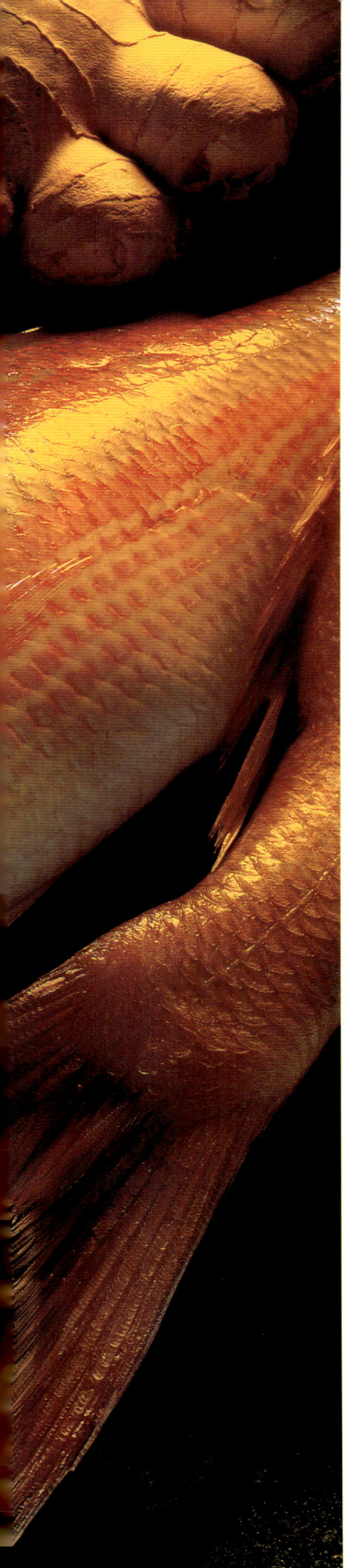

# FISCH UND MEERESFRÜCHTE

**F**isch heißt auf chinesisch yu, ein Wort, das vom Klang her auch »Übrigbleiben« bedeuten kann. Am chinesischen Silvesterabend darf ein Fischgericht nicht fehlen. Selbst wenn der Fisch noch so gut schmeckt, ganz aufgegessen werden darf er aber nicht. Denn wenn Reste übrigbleiben, bedeutet das, daß auch im nächsten Jahr immer genug zu essen da sein wird. Daß der Fisch mit Kopf und Schwanz serviert wird, also noch »Anfang« und »Ende« hat, bedeutet soviel wie: »Gut angefangen und gut zu Ende gebracht«. Aber auch während des Jahres essen die Chinesen viel Fisch. Er dient als wichtiger Eiweißlieferant, da es in China ja kaum Milchprodukte gibt. Mit über 5000 Kilometern Küste und zahlreichen Flüssen und Seen ist die Versorgung mit Fisch unproblematisch.

Flußfisch ist in China übrigens beliebter als Meeresfisch, so sind z. B. Flußkrebse auch wesentlich teurer als ihre Artgenossen aus dem Meer.

Einer der Lieblingsfische der Chinesen ist der Karpfen, der eher wegen seiner glückbringenden Bedeutung als seines Geschmacks wegen geschätzt wird. Garnelen werden in China sehr gerne und oft gegessen, da das Garnelenfleisch ausgesprochen fein schmeckt und sich auch hervorragend mit anderen Zutaten kombinieren läßt.

**Garnelen werden in der chinesischen Küche auf vielerlei köstliche Arten zubereitet.**

# Gefüllter Fisch

**Aus der Provinz Jiangsu**  **He Bao Ji Yu**

*Zutaten für 2 Servierteller*
*(4 Portionen):*
*4 getrocknete Tongku-Pilze*
*2 längliche Fische von je etwa 350 g*
*(z.B. Forellen, vom Fischhändler*
*küchenfertig vorbereiten lassen)*
*2 EL Reiswein · 5 EL Sojasauce*
*10 g Ingwer, fein gehackt*
*+ 3 Scheiben Ingwerwurzel*
*10 g Lauch, fein gehackt*
*+ 4 Stücke Lauch von je*
*etwa 4 cm Länge*
*50 g Bambussprossen*
*25 g luftgetrockneter roher Schinken*
*75 g gehacktes Schweinefleisch*
*1 Eiweiß · 1 EL Sesamöl*
*4–5 EL Pflanzenöl · 3 TL Zucker*
*1 TL Speisestärke,*
*mit 2 EL Wasser angerührt*

*Zubereitungszeit: 50 Min.*

*Pro Portion: 1900 kJ/ 450 kcal*

**1** Pilze etwa 20 Min. in heißem Wasser einweichen. Inzwischen Fische waschen und abtrocknen. Mit etwas Reiswein und ein wenig Sojasauce bestreichen.

**2** Pilze aus dem Wasser nehmen und die Stiele entfernen. 25 g Bambus und 2 Pilze in Streifen schneiden. Restliche Pilze und Bambus mit dem Schinken fein hacken.

**3** Die gehackten Zutaten mit Hackfleisch, Eiweiß, ½ EL Sojasauce, 1 EL Reiswein, 1 TL Sesamöl vermengen. Füllung mit einem Eßlöffel in den Bauch der Fische geben.

**4** Öl in einer Pfanne oder einem Wok erhitzen. Fische darin nacheinander bei mittlerer Hitze pro Seite je etwa 2 Min. braten, dann vorsichtig herausnehmen.

**5** Ingwerscheiben und Lauchstücke mit dem restlichen Bambus und den Pilzstreifen in das Öl geben und alles etwa 1 Min. braten. 300 ml Wasser angießen. Übrige Sojasauce, restlichen Reiswein und Zucker untermischen.

**6** Fische wieder dazugeben, das ganze zum Kochen bringen und bei schwacher Hitze etwa 10 Min. zugedeckt garen.

**7** Fische vorsichtig herausnehmen und auf die Servierteller geben. Speisestärke in der Pfanne einrühren und die Sauce einmal zum Kochen bringen. Sauce über den Fisch gießen. Mit dem übrigen Sesamöl beträufeln.

**Tip!** Es sieht sehr schön aus, wenn Sie aus rohen Lauchblättern mit einer kleinen Ausstechform Verzierungen ausstechen und auf den Fisch legen.

# Duftblüten-Fischscheiben

**Raffiniert · Etwas schwieriger**   **Gui Hua Yu Pian**

*Zutaten für 1 Servierteller*
*(2 Portionen):*
*250 g festfleischiges Fischfilet,*
*zum Beispiel Rotbarsch*
*10 g Ingwerwurzel*
*1 Frühlingszwiebel*
*1 Stück Gurke (etwa 4 cm lang)*
*1½ EL Reiswein*
*Salz · 3 Eier*
*100 g Mehl*
*¾ l Pflanzenöl oder 750 g*
*Schweineschmalz zum Fritieren*
*1 EL Sesamöl*
*Zum Stippen:*
*½ EL Salz*
*½ EL Sichuan-Pfeffer, frisch*
*gemahlen*

*Zubereitungszeit: 30 Min.*

*Pro Portion:*
*4400 kJ/1000 kcal*

**1** Fischfilet kalt abspülen, trockentupfen und in etwa 2 cm breite, 4 ½ cm lange und 1 cm dicke Scheiben schneiden. Ingwer schälen und hacken. Frühlingszwiebel putzen und in dünne Scheiben schneiden. Gurkenstück längs halbieren und in längliche Scheiben schneiden.

**2** Reiswein mit Salz in einer Schüssel mischen, die Fischscheiben dazugeben und alles miteinander verrühren.

**3** Eier in einer Schüssel verquirlen. 4 EL Wasser, Salz und Mehl untermischen und zu einem dünnflüssigen Teig verquirlen. Fisch vorsichtig untermischen.

**4** Öl oder Schweineschmalz in einem Topf oder Wok erhitzen. Es ist heiß genug, wenn an einem hölzernen Stäbchen, das Sie ins heiße Fett

tauchen, kleine Bläschen aufsteigen. Fisch darin in 3–4 Portionen in etwa 2 Min. goldbraun fritieren, dann auf Küchenpapier entfetten und auf einem Teller warm stellen.

**5** Öl bis auf einen dünnen Film ausgießen. Ingwer und Frühlingszwiebel darin kurz braten. Gurkenscheiben und Sesamöl untermischen. Fisch dazugeben, schnell alles vermischen und das Gericht dann auf einen Teller geben. Sofort servieren. Beim Essen in die Salz-Pfeffer-Mischung stippen.

**Tip!** Wenn Sie nicht soviel Übung im Kochen haben, können Sie die Sauce auch über den Fisch gießen. Denn beim Mischen in der Pfanne müssen Sie wirklich sehr schnell arbeiten, damit der Fisch knusprig bleibt.

# Fisch süß-sauer

**Tang Cu Li Yu**

*Zutaten für 1 Servierteller
(3 Portionen):
1 festfleischiger Fisch
von etwa 600 g (z.B. Barsch,
küchenfertig vorbereitet)
1 Ei
1 TL trockene Speisestärke
+ 2 TL Speisestärke,
in 5 EL Wasser angerührt
2 EL Mehl
Salz
20 g Lauch + 1 ca. 8 cm langes
Stück Lauch zum Verzieren
4 Knoblauchzehen
1 walnußgroßes Stück Ingwerwurzel
1 l Pflanzenöl zum Fritieren
3 EL Zucker
4 EL brauner Essig
3 EL helle Sojasauce
2 EL Reiswein
2 EL Sichuan-Pfeffer-Öl*

*Zubereitungszeit: 45 Min.*

*Pro Portion: 2400 kJ/ 570 kcal*

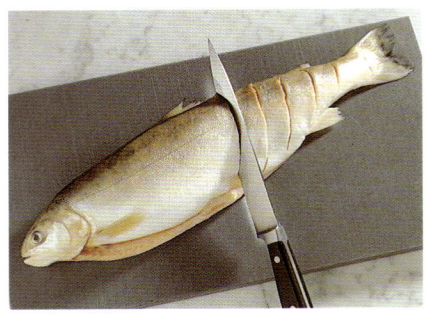

**1** Fisch unter fließendem kaltem Wasser waschen und trockentupfen. Anschließend Fisch auf einer Seite quer in einem Abstand von etwa 2 ½ cm bis zur Mittelgräte hin einschneiden. Das Fischfleisch dann in Richtung Fischkopf entlang der Gräte so weit ablösen, daß es wie eine Scheibe ist, aber noch an der Gräte haftet. Auf diese Weise den ganzen Fisch einschneiden.

**2** Ei mit trockener Speisestärke, Mehl und Salz zu einem dickflüssigen, aber nicht zu festen Teig verrühren. Evtl. etwas Wasser untermischen. Diese Mischung auf dem Fisch verteilen.

**3** Lauch putzen und in mittelfeine Streifen schneiden. Das 8 cm lange Stück für die Verzierung ebenfalls putzen, 1 Min. blanchieren (sprudelnd kochen), in ganz dünne Streifen schneiden und beiseite stellen. Knoblauchzehen schälen und in dünne Scheiben schneiden, Ingwer schälen und in feine Streifen schneiden.

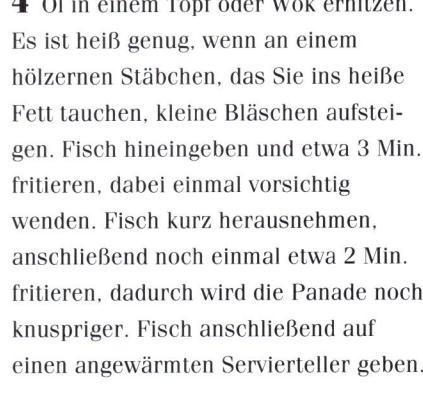

**4** Öl in einem Topf oder Wok erhitzen. Es ist heiß genug, wenn an einem hölzernen Stäbchen, das Sie ins heiße Fett tauchen, kleine Bläschen aufsteigen. Fisch hineingeben und etwa 3 Min. fritieren, dabei einmal vorsichtig wenden. Fisch kurz herausnehmen, anschließend noch einmal etwa 2 Min. fritieren, dadurch wird die Panade noch knuspriger. Fisch anschließend auf einen angewärmten Servierteller geben.

**5** Öl bis auf einen dünnen Film ausgießen. Lauch, Knoblauch und Ingwer in den Topf geben und unter Rühren bei starker Hitze etwa 1 Min. braten. Zucker, Essig, Sojasauce und Reiswein dazugeben. Angerührte Speisestärke untermischen und alles einmal aufkochen lassen.

**6** Fisch mit der Sauce begießen, nach Belieben mit den Lauchstreifen verzieren, und mit Sichuan-Pfeffer-Öl beträufeln. Sofort servieren.

**Variante:** Wer nicht soviel Übung im Kochen und vor allem im Fritieren hat, tut sich vielleicht mit einem ganzen Fisch etwas schwer. Kaufen Sie dann einfach etwa 400 g festfleischiges Fischfilet, z.B. Rotbarsch oder Kabeljau, und schneiden es in mundgerechte Stücke. Die Fischwürfel durch den Teig ziehen und portionsweise im heißen Fett etwa 2 Min. fritieren.

**Tip!** Fischgeruch aus der Pfanne oder dem Wok verschwindet ganz leicht, wenn Sie Teeblätter (bereits benutzt) mit Wasser hineingeben und ein paar Stunden darin stehenlassen oder kurz kochen lassen. Dann einfach abgießen und der Geruch ist verschwunden.

# Gedämpfter Fisch

*Aus der Zhejiang-Provinz*     **Qing Zheng Gui Yu**

*Zutaten für 1 Servierteller*
*(2 Portionen):*
*5 getrocknete Tongku-Pilze*
*1 zarter Fisch von etwa 500 g*
*(z.B. Saibling oder Forelle,*
*küchenfertig vorbereitet)*
*50 g roh geräucherter Schinken*
*50 g Bambussprossen*
*6 dünne Scheiben Ingwerwurzel*
*2 Frühlingszwiebeln*
*(je etwa 4 cm lang)*
*2 Knoblauchzehen*
*3 EL Pflanzenöl*
*oder Schweineschmalz*
*3 EL Reiswein · Salz*
*Zum Stippen:*
*1–2 Scheiben Ingwer, feingehackt*
*1 EL brauner Essig*

*Zubereitungszeit: 30 Min.*
*(+ 20 Min. Einweichen)*

*Pro Portion: 2400 kJ/ 570 kcal*

**1** Pilze in heißem Wasser etwa 20 Min. einweichen. Inzwischen Fisch gründlich mit kaltem Wasser waschen und trockentupfen. Dann auf beiden Seiten im Abstand von 1–2 cm leicht einschneiden.

**2** Pilze aus dem Wasser nehmen, von den Stielen befreien und in dünne Scheiben schneiden. Schinken und Bambus ebenfalls in dünne Scheiben schneiden.

**3** Fisch in einen tiefen länglichen Teller legen. Schinken, Bambus und Pilze nach Farben getrennt darauf verteilen.

**4** Ingwer schälen und Frühlingszwiebeln waschen. Knoblauch schälen und in dicke Scheiben schneiden.

**5** Öl oder Schweineschmalz in einer Pfanne oder einem Wok erhitzen. Ingwer, Frühlingszwiebeln und Knoblauchscheiben bei starker Hitze kurz darin braten. 4 EL Wasser, den Reiswein und Salz untermischen.

**6** Sauce über den Fisch gießen. Frühlingszwiebel, Knoblauch und Ingwer daneben legen.

**7** In einen weiten Topf eine umgedrehte Tasse stellen. Etwa 4 cm hoch Wasser angießen und den Teller mit dem Fisch auf die umgedrehte Tasse stellen. Wasser zum Kochen bringen. Fisch bei starker Hitze zugedeckt 10–15 Min. dämpfen.

**8** Ingwer, Frühlingszwiebeln und Knoblauch entfernen. Zum Stippen Ingwerscheiben schälen und fein hacken und mit Essig mischen und dazu servieren.

**Tip!** Garnieren Sie mit feinen Lauchstreifen, geschnitten aus einem etwa 5 cm langen Stück Lauch.

# Ingwer

Ingwer ist eines der ältesten Gewürze der Tropen. Heute wird die Ingwerpflanze hauptsächlich in China, Japan und Indien kultiviert. Gegessen werden die fleischigen, knollig verdickten Wurzelstöcke. Seinen spezifischen Geschmack erhält der Ingwer durch etwa 2% ätherisches Ingweröl und Gingerol. Zusammen mit Lauch und Knoblauch zählt Ingwer in China zu den drei sogenannten »Scharfen« – seit der Frühling- und Herbstdynastie (770–221 v.Chr.) eines der wichtigsten Gewürze.

In der Jiangsu-Provinz reichte man traditionell eine Vorspeise aus sehr feingeschnittenem Ingwer, um den Appetit anzuregen.

*In riesengroßen Bündeln wird junger Ingwer transportiert.*

Auch Konfuzius soll die Knolle sehr geschätzt haben und wünschte sich, daß er sein ganzes Leben lang kein Gericht ohne Ingwer essen müßte. Ingwer ist nicht nur wegen seines würzigen Geschmacks so beliebt, sondern auch, weil ihm zu Recht heilende Wirkung nachgesagt wird.

Nach der Yin- und Yang-Theorie gilt er als warmes Gewächs und soll gegen Erkältung, Fieber, Magenschmerzen und allgemein bei Kälte helfen: Kochen Sie Ingwer mit braunem Zucker und trinken Sie die stärkende Brühe sehr heiß. Danach sollten Sie ausgiebig schwitzen.

# Geschmorter Fisch mit Lauch

**Cong Kao Ji Yu**

*Aus Nordchina · Gelingt leicht*

*Zutaten für 2 Servierteller*
*(3 Portionen):*
*2 Fische von jeweils etwa 300 g*
*(z. B. Forellen, küchenfertig*
*zubereitet)*
*4 EL dunkle Sojasauce*
*200 g junger Lauch oder*
*Frühlingszwiebeln*
*20 g Bambussprossen*
*4 EL Schweineschmalz*
*2 EL Reiswein*
*1 EL Zucker*
*1½ EL Sesamöl*

*Zubereitungszeit: 35 Min.*

*Pro Portion: 1700 kJ/ 400 kcal*

**1** Fische kalt waschen, trockentupfen und auf beiden Seiten über Kreuz mit je 3–4 Schnitten versehen. Mit etwas Sojasauce bestreichen.

**2** Lauch oder Frühlingszwiebeln putzen, waschen und in etwa 6 cm lange Stücke schneiden. Wenn die Stangen sehr dick sind, auch längs noch einmal halbieren. Bambus längs in dünne Scheiben schneiden.

**3** In einer (beschichteten) Pfanne 3 EL Schweineschmalz erhitzen. Fische darin pro Seite bei mittlerer Hitze etwa 2 Min. anbraten. Reiswein dazugeben und den Deckel auflegen. Alles etwa 1 Min. ziehen lassen. Dann übrige Sojasauce, Zucker und 6 EL Wasser mischen und in die Pfanne gießen. Anschließend Fische zugedeckt etwa 8 Min. bei mittlerer Hitze garen.

**4** Inzwischen in einer anderen Pfanne 1 EL Schmalz erhitzen. Lauch oder Frühlingszwiebeln und Bambus darin unter Rühren bei starker Hitze etwa 2 Min. braten, bis sie würzig duften. Fisch mit Sauce in die Pfanne mit Lauch bzw. Frühlingszwiebeln und Bambus geben und alles noch einmal etwa 5 Min. zugedeckt garen.

**5** Eine Platte mit Lauch oder Frühlingszwiebeln und Bambus auslegen, Fisch daraufgeben und mit Sesamöl beträufeln.

# Rot fritierte Garnelen

**You Bao Xia**

*Aus Nordchina · Geht schnell*

*Zutaten für 1 Servierteller*
*(2 Portionen):*
*400 g rohe Riesengarnelen*
*mit Schale*
*3 dünne Scheiben Ingwerwurzel*
*1 Stück Lauch (etwa 3 cm lang)*
*1 EL Zucker*
*1 EL brauner Essig*
*1 TL Salz*
*½ l Pflanzenöl zum Fritieren*

*Zubereitungszeit: 15 Min.*

*Pro Portion: 1900 kJ/ 450 kcal*

**1** Von den Garnelen Füße und evtl. Kopf abschneiden. Dann gründlich waschen und sehr sorgfältig abtrocknen, sonst spritzen sie beim Fritieren.

**2** Ingwer schälen, Lauch putzen und waschen und beides in feine Streifen schneiden. Mit Zucker, Essig und Salz mischen. 2–3 EL Wasser unterrühren.

**3** Öl in einem Topf oder Wok erhitzen. Es ist heiß genug, wenn an einem hölzernen Stäbchen, das Sie ins heiße Fett tauchen, kleine Bläschen aufsteigen. Garnelen hineingeben und etwa 1 Min. fritieren, bis sie schön rot sind. Herausnehmen und gut abtropfen lassen.

**4** Öl bis auf einen dünnen Film aus dem Topf gießen. Vermischte Sauce dazugeben und heiß werden lassen. Garnelen hineingeben und kurz unter Rühren garen, bis sie von der Sauce überzogen sind.

**Tip!** Garnelen von guter Qualität gibt es in fast allen Asien-Läden tiefgefroren zu kaufen. Sie können problemlos die gewünschte Menge entnehmen und den Rest weiter im Gefrierfach lagern. Garnelen immer im Kühlschrank vollkommen auftauen lassen. Die rot fritierten Garnelen kann man auch gut kalt servieren, zum Beispiel auf dem Buffet oder beim Picknick.

# Garnelen mit Pilzen

**Aus Nordchina · Gelingt leicht**

**You Men Da Xia**

**Zutaten für 1 Servierteller
(2 Portionen):
10 mittelgroße getrocknete
Mu-Err-Pilze
5 dünne Scheiben Ingwerwurzel
2 Frühlingszwiebeln
3 Knoblauchzehen
400 g rohe Garnelen
4 EL Pflanzenöl
1 EL Reiswein
Salz
nach Belieben 1–2 EL Sesamöl**

**Zubereitungszeit: 35 Min.**

**Pro Portion: 1900 kJ/ 450 kcal**

**1** Mu-Err-Pilze in heißem Wasser etwa 20 Min. einweichen. Pilze aus dem Wasser nehmen und gut ausdrücken. Während der Einweichzeit Ingwer, Frühlingszwiebeln und Knoblauch putzen bzw. schälen. Ingwer, Frühlingszwiebeln und Knoblauch in feine Scheiben schneiden.

**2** Garnelen von Kopf, Schale und Darm befreien. Vom dickeren Ende aus der Länge nach nur so weit einschneiden, daß sie am dünnen Ende noch zusammenhalten.

**3** Öl in einer Pfanne oder im Wok erhitzen. Garnelen hineingeben und unter Rühren bei starker Hitze etwa 1 Min. braten. Reiswein untermischen, Garnelen dann herausnehmen.

**4** Pilze im verbliebenen Öl unter Rühren kurz braten. Ingwer, Frühlingszwiebeln und Knoblauch dazugeben und weiterbraten, bis es duftet. Garnelen wieder dazugeben und mit Salz abschmecken.

**5** Garnelen nach Belieben vor dem Servieren mit Sesamöl beträufeln.

**Tip!** Besonders hübsch sehen die Garnelen aus, wenn Sie sie auf Salatblättern anrichten. Dazu die Blätter waschen und den Servierteller damit auskleiden. Die Garnelen in die Mitte häufen.

# Garnelen mit Tomaten

**Aus Ostchina · Geht schnell** | **Fan Qie Xia Ren**

**Zutaten für 1 Servierteller
(2 Portionen):**
**400 g rohe Garnelen**
**50 g Frühlingszwiebel**
**50 g Wasserkastanien**
**1–2 Tomaten (je nach Größe;
ersatzweise passierte Tomaten aus
der Packung)**
**5 EL Pflanzenöl**
**50 g enthülste Erbsen
(frisch oder tiefgefroren)**
**Salz**
**1 TL Zucker**
**2 EL Reiswein**
**3 dünne Scheiben Ingwerwurzel**
**1 EL Speisestärke, mit 5 EL Wasser
verrührt**

**Zubereitungszeit: 25 Min.**

**Pro Portion: 2300 kJ/ 550 kcal**

**1** Garnelen waschen. Den Kopf etwa 1 cm hinter dem Gelenk abschneiden, die restlichen Garnelenstücke schälen, vom Darm befreien und gut trockentupfen. Frühlingszwiebeln putzen und in Würfel schneiden. Wasserkastanien ebenfalls in Würfel schneiden, die so groß sein sollen wie die Erbsen. Tomaten waschen und in 2 cm große Stücke schneiden.

**2** In einer Pfanne oder einem Wok 2½ EL Öl erhitzen. Garnelen darin bei starker Hitze unter Rühren etwa 2 Min. braten, bis sie rot werden. Dann wieder herausnehmen.

**3** Restliches Öl erhitzen. Frühlingszwiebeln darin unter Rühren kurz anbraten und wieder herausholen. Tomaten in die Pfanne geben und bei starker Hitze unter Rühren etwa 2 Min. braten, bis sich Saft bildet. Wasser-

kastanien und Erbsen dazugeben. Frühlingszwiebeln untermischen.

**4** Gericht mit Salz, Zucker und Reiswein abschmecken. Ingwer schälen, Garnelen und Ingwer untermischen und alles noch einmal 3–4 Min. unter starker Hitze unter Rühren braten. Ingwer entfernen. Speisestärke unterrühren und das Ganze einmal aufkochen lassen. Garnelen sofort servieren.

**Tip!** Mit der gleichen Sauce schmekken auch Fisch- oder Garnelenklößchen, die Sie in Asien-Läden tiefgefroren kaufen können. Die Klößchen sollten Sie halbieren oder vierteln, damit sie das Aroma der Sauce besser aufnehmen.

# Ähren-Tintenfisch

**Raffiniert · Braucht etwas Zeit**

**Mai Sui You Yu Juan**

*Zutaten für 1 Servierteller
(2 Portionen):*
**3 getrocknete Tongku-Pilze**
**300 g küchenfertiger Tintenfisch**
**ohne Kopf und Fangarme**
**½ TL trockene Speisestärke**
**+ 1 TL Speisestärke, in 4 EL Wasser**
**angerührt**
**50 g Bambussprossen**
**250 g junge Zucchini**
**1 walnußgroßes Stück Ingwerwurzel**
**4 Knoblauchzehen**
**20 g Lauch**
**500 g Schweineschmalz oder**
**½ l Pflanzenöl zum Fritieren**
**Salz**
**weißer Pfeffer, frisch gemahlen**

*Zubereitungszeit: 45 Min.*

*Pro Portion: 2200 kJ/ 520 kcal*

**1** Pilze in heißem Wasser etwa 20 Min. einweichen. Inzwischen Tintenfisch waschen und gut abtrocknen. Dann an der Innenseite im Abstand von etwa 2 mm kreuzweise bis etwa zur Hälfte der Dicke einschneiden. In Stücke von 4 cm Größe schneiden. Die trockene Speisestärke untermischen.

**2** Bambussprossen längs in dünne Scheiben schneiden. Zucchini waschen und der Länge nach in dünne, etwa 4 cm lange Scheiben schneiden. Ingwer und Knoblauch schälen, Lauch putzen. Ingwer und Lauch fein hacken, Knoblauch in Scheiben schneiden. Pilze aus dem Wasser nehmen, waschen, vom Stiel befreien und in Streifen schneiden.

**3** Schmalz oder Öl in einem Topf oder im Wok sehr stark erhitzen. Tintenfisch darin unter Rühren 1–2 Min. fritieren, bis er sich aufrollt. Sofort herausnehmen und auf Küchenpapier abtropfen lassen.

**4** Fett bis auf einen dünnen Film ausgießen. Pilze darin unter Rühren bei starker Hitze etwa 1 Min. braten. Zucchini und Bambus hinzufügen und ebenfalls etwa 1 Min. braten. Alles herausnehmen.

**5** Etwa 1 EL Fett übrig lassen und erhitzen. Ingwer, Lauch und Knoblauch darin braten, bis es würzig duftet. 4 EL Wasser dazugeben. Alle anderen Zutaten untermischen, salzen und pfeffern. Speisestärke untermischen und alles einmal aufkochen lassen.

**Variante:** Mit Lauch und Ingwer können Sie auch 1 EL fermentierte schwarze Bohnen braten. Statt Zucchini schmecken Lauch, Gurken oder Austernpilze.

**Tip!** Je dicker der Tintenfisch ist, desto leichter läßt er sich einschneiden. Achten Sie beim Kauf darauf.

# GEMÜSE, TOFU UND EIER

Vor allem die köstlichen und gesunden Gemüsegerichte – ob mit oder ohne Fleisch – haben die chinesische Küche in Europa so beliebt gemacht. Im alltäglichen Leben spielt Gemüse in China eine wesentlich wichtigere Rolle als Fleisch oder Fisch – mit ein Grund, weshalb es soviele verschiedene Gerichte mit Gemüse gibt. Gemüse wird in der chinesischen Küche immer fein zerkleinert und viel kürzer als in Europa gegart, meistens in der Pfanne oder im Wok mit sehr heißem Öl unter Rühren gebraten. So behält es nicht nur sein volles Aroma, sondern auch viele Vitamine und das ansprechende Aussehen, das den Chinesen so wichtig ist. Bei Gemüse mit hübscher Farbe wird deshalb auch möglichst wenig oder nur helle Sojasauce verwendet. Die Verbreitung von Tofu geht in China auf buddhistische Mönche zurück, die sehr phantasievolle Rezepte erfanden, um Fleisch zu ersetzen, das viele von ihnen nicht essen durften.

Tofu wird aus Sojabohnen gewonnen und ist so vielseitig verwendbar, daß es in China angeblich mindestens 10 000 Gerichte damit gibt.

Eiergerichte sind ein wichtiger Bestandteil der alltäglichen Küche in China. Sie dienen als wichtiger Eiweißlieferant und lassen sich auf vielerlei köstliche Art zubereiten.

*Die Schößlinge des Bambus sind die Bambussprossen, die in vielen chinesischen Gerichten enthalten sind.*

# Kartoffeln süß-sauer

**Aus Nordchina · Raffiniert**   Suan Tian Tu Dou Si

**Zutaten für 1 Servierteller
(2 Portionen):
3 festkochende Kartoffeln
(300–400 g)
1 Frühlingszwiebel
4–5 EL Pflanzenöl
10 Sichuan-Pfefferkörner
6 EL brauner Essig
1 TL helle Sojasauce
Salz
1–2 EL Zucker**

**Zubereitungszeit: 50 Min.
(mit der Küchenmaschine 30 Min.)**

**Pro Portion: 1400 kJ/ 330 kcal**

**1** Kartoffeln schälen und in sehr dünne Scheiben schneiden. Dazu am besten erst an einer Seite ein Stück abschneiden, damit die Kartoffel gut auf dem Schneidebrett steht. Die Scheiben dann in streichholzdicke Streifen schneiden. Oder die Kartoffeln in der Küchenmaschine in feine Stifte teilen. Je dünner die Kartoffeln geschnitten sind, desto knuspriger schmecken sie später.

**2** Die Kartoffeln 10–15 Min. in kaltes Wasser legen, um die Stärke zu entfernen. Inzwischen Frühlingszwiebel putzen, waschen und die hellgrünen und weißen Teile fein hacken.

**3** Öl in einer Pfanne oder im Wok erhitzen. Sichuan-Pfefferkörner darin unter Rühren braten, bis sie würzig duften. Die Körner dann wieder herausfischen. Kartoffeln abtropfen lassen und sehr gründlich mit Küchenpapier abtrocknen.

**4** Dann Kartoffeln ins Öl geben und bei starker Hitze unter Rühren etwa 5 Min. braten, bis sie gar sind. Die Hitze etwas reduzieren. Essig und Sojasauce dazugeben. Kartoffeln abschmecken und eventuell mit Salz nachwürzen. Zucker dazugeben und Kartoffeln unter Rühren noch einmal kurz braten. Mit Frühlingszwiebeln bestreut servieren.

# Fritierte Auberginen

**Aus Ostchina · Gelingt leicht**   **Jiao Yian Qie Tiao**

**Zutaten für 1 Servierteller
(2 Portionen):
300 g Auberginen
2 Scheiben Ingwerwurzel
1 Stück Lauch (etwa 3 cm lang)
1 Ei · Salz
5 EL Speisestärke
1 TL Reiswein
½ l Pflanzenöl zum Fritieren
Zum Servieren:
Salz, gemischt mit weißem Pfeffer
oder gemahlenem Sichuan-Pfeffer
nach Belieben 1 EL Sesamöl**

**Zubereitungszeit: 25 Min.**

**Pro Portion: 2400 kJ/ 570 kcal**

**1** Auberginen waschen, putzen und die Schale dünn abschälen. Das Auberginenfleisch dann in etwa 2 x 2 x 5 cm große Würfel schneiden. Ingwer schälen, Lauch putzen und waschen, beides fein hacken.

**2** Ei mit etwas Salz und Stärke zu einem dickflüssigen Teig mischen. Evtl. etwas Wasser zugeben. Reiswein, Lauch und Ingwer untermischen.

**3** Öl in einem Topf oder Wok erhitzen. Es ist heiß genug, wenn an einem ins Öl getauchten Holzstäbchen kleine Bläschen aufsteigen.

**4** Auberginen durch den Teig ziehen und anschließend im Öl etwa 2 Min. fritieren, bis der Teig härter wird. Dann sofort herausnehmen.

**5** Öl noch einmal erhitzen. Alle Auberginen noch einmal hineingeben und goldgelb fritieren. Dann gut abtropfen lassen.

**6** Fritierte Auberginen in Salz-Pfeffer-Mischung stippen und nach Wunsch mit Sesamöl beträufeln.

**Tip!** Übriggebliebene Auberginenwürfel kann man am nächsten Tag mit Sojasauce, Knoblauch und etwas Zucker aufkochen. Schmeckt delikat mit Reis.

# Mu-Err-Pilze mit Bohnen

*Gelingt leicht*  Mu Er Dou Jiao

*Zutaten für 1 Servierteller*
*(2 Portionen):*
*10 mittelgroße getrocknete*
*Mu-Err-Pilze*
*4 große Knoblauchzehen*
*(nach Belieben mehr)*
*300 g grüne Bohnen*
*(eventuell tiefgefroren)*
*1 Filtertüte*
*4 EL Pflanzenöl*
*Salz*

*Zubereitungszeit: 35 Min.*

*Pro Portion: 1000 kJ/ 240 kcal*

**1** Pilze in warmem Wasser etwa 20 Min. einweichen. Inzwischen Knoblauch schälen und in dünne Scheiben schneiden. Einen Topf mit Wasser aufsetzen und zum Kochen bringen.

**2** Unterdessen Bohnen putzen und waschen. Frische Bohnen 2–3 Min. in kochendem Wasser blanchieren, dann kalt abschrecken, abtropfen lassen und in etwa 3 cm lange Stücke schneiden.

**3** Pilze waschen und größere Pilze in Stücke schneiden. Einweichwasser durch eine Filtertüte gießen und wieder auffangen.

**4** Öl in einer Pfanne oder im Wok erhitzen. Knoblauch darin kurz braten, bis er duftet. Mu-Err-Pilze gut ausdrücken und dazugeben. Kurz braten, dann die Bohnen dazugeben und unter Rühren etwa 5 Min. garen, bis sie bißfest sind. 2–3 EL Einweichwasser von den Pilzen dazugeben. Bohnen salzen und servieren.

**Tip!** Dieses Gericht schmeckt auch kalt sehr gut. Sie können es also beispielsweise bei einem Fest auf dem Buffet anrichten.

# Getrocknete Pilze

Als eine der ältesten Konservierungsmethoden ist das Trocknen gerade für Pilze, die saisonbedingt meist nur kurze Zeit frisch zu bekommen sind, eine ideale Methode. Im Gegensatz zu vielen anderen Lebensmitteln verlieren sie dabei nämlich nicht an Geschmack, sondern bekommen vielmehr ein ausgeprägteres Aroma.

Die bizarr aussehenden Mu-Err-Pilze wachsen im Wald an alten Baumstämmen und heißen deshalb auch Holzohren. Geschmacklich sind sie relativ neutral, deshalb harmonieren sie mit fast allen anderen Zutaten. Außer den braunen Pilzen gibt es von der gleichen Familie auch helle Sorten, die bei uns Silbermorcheln heißen, in China aber ebenfalls als Mu-Err-Pilze bezeichnet

*Hier sehen Sie (v.l.n.r.) Mu-Err-Pilze, Tongku-Pilze und Silbermorcheln.*

werden. Sie werden hauptsächlich für süße Gerichte, wie z.B. Silbermorchelgelee (S. 134) verwendet.

Beliebt ist auch der Tongku- oder Shiitakepilz. Obwohl er in Europa und

Amerika inzwischen auch auf Substraten das ganze Jahr über gezogen und vorwiegend frisch angeboten werden, bekommt man ihn in China meist getrocknet.

# Sojasprossen mit Paprika

*Shuang Se Yin Ya*

*Gelingt leicht · Geht schnell*

*Zutaten für 1 Servierteller
(2 Portionen):
300 g Sojasprossen
(aus Mungobohnen)
1 rote Paprikaschote
4 EL Pflanzenöl
Salz*

*Zubereitungszeit: 15 Min.*

*Pro Portion: 910 kJ/ 220 kcal*

**1** Sprossen waschen und evtl. die braunen Enden abschneiden. Auch die grünen Schalenteile sehr sorgfältig entfernen.

**2** Paprikaschote waschen und halbieren. Stielansätze sowie die Trennwände mit den Kernen entfernen und die Schotenhälften in feine Streifen schneiden, etwa so lang wie die Sojasprossen.

**3** Öl in einem Topf oder Wok erhitzen. Sprossen und Paprikastreifen hineingeben und bei starker Hitze unter Rühren etwa 3 Min. braten, bis sie bißfest sind. Das Gericht mit Salz abschmecken und servieren.

**Tips!** Gut schmeckt dieses Gericht auch, wenn Sie ein bißchen chinesischen Schnittlauch untermischen. Aber Sie dürfen ihn erst zum Schluß zugeben und nur ganz kurz braten, sonst schmeckt er nicht mehr!
Sprossen können Sie ganz leicht selbst ziehen. 100 g Mungobohnen 12 Std. einweichen, dann abgießen, in ein Glas geben und dieses mit Mulltuch abdekken. Bohnen jeden Tag 15 Min. wässern, abgießen und an einem warmen Ort stehenlassen. Sie brauchen etwa 5 Tage.

# Sauer-scharfer Weißkohl

**Suan La Yang Bai Cai**

*Aus Nordchina · Geht schnell*

**Zutaten für 1 Servierteller (2 Portionen):**
250 g junger Weißkohl, geputzt gewogen
3 getrocknete Chilischoten (nach Belieben mehr)
1 gehäufter EL Zucker
1 EL brauner Essig (nach Belieben mehr)
1½ TL Speisestärke, in 3 EL Wasser angerührt
Salz
4 EL Pflanzenöl

**Zubereitungszeit: 20 Min.**

**Pro Portion: 1300 kJ/ 310 kcal**

**1** Weißkohl waschen und von den dicken Blattrippen befreien. Die Blätter sehr gut trockentupfen oder in der Salatschleuder trocknen. Dann in etwa 2 x 3 cm große Stücke schneiden.

**2** Chilischoten in etwa 1 cm lange Stücke schneiden. (Danach sofort Hände waschen.) Zucker mit Essig, Speisestärke und Salz verrühren.

**3** Öl in einer Pfanne oder im Wok erhitzen. Chilistücke darin bei starker Hitze etwa 4 Min. braten, bis sie dunkel werden. Dann herausnehmen.

**4** Weißkohl ins Öl geben und unter Rühren bei starker Hitze 1–2 Min. braten, bis er gerade bißfest ist. Sauce dazugießen und alles einmal aufkochen lassen.

**Variante:** Statt Weißkohl schmecken auch Gurken sehr gut. Die Gurken schälen und vor dem Garen mit Salz bestreuen und Saft ziehen lassen. Dann gut abtrocknen. Die Sauce ohne Speisestärke und Zucker zubereiten und die Gurken höchstens 1 Min. braten.

**Tip!** Der Weißkohl paßt gut als Ergänzung zu Fleischgerichten, schmeckt aber auch kalt ganz ausgezeichnet, z.B. für ein Picknick.

# Zweimal gegarter Tofu

**Wintergericht · Braucht etwas Zeit**  Jin Xiang Yu

**Zutaten für 1 Servierteller
(2 Portionen):**
**100 g roher magerer
Schweinebauch
ohne Schwarte**
**5 mittelgroße getrocknete
Mu-Err-Pilze**
**20 g getrocknete Garnelen**
**10 getrocknete Lilienblüten**
**20 g Bambussprossen**
**3 dünne Scheiben Ingwerwurzel**
**1 Frühlingszwiebel**
**400 g Tofu**
**3 EL Schweineschmalz**
**1 EL Reiswein**
**2 EL helle Sojasauce**
**Salz**
**1 EL Speisestärke, in 3 EL Wasser
angerührt**
**weißer Pfeffer, frisch gemahlen**
**nach Belieben etwas Sesamöl**

**Zubereitungszeit: 1 Std.**

**Pro Portion: 2300 kJ/ 550 kcal**

**1** Schweinebauch in einen Topf geben, mit reichlich Wasser bedecken und zum Kochen bringen. Dann etwa 20 Min. bei mittlerer Hitze garen. Inzwischen Pilze, Garnelen und Lilienblüten waschen und getrennt je etwa 10 Min. in warmem Wasser einweichen. Dann Pilze in Streifen schneiden, Lilienblüten in Stücke schneiden. Einweichwasser der Garnelen aufbewahren. Bambus in Streifen schneiden. Ingwer schälen, Frühlingszwiebel putzen und beides hacken.

**2** Schweinebauch aus dem Topf nehmen und in dünne Streifen schneiden. 200 ml von der Brühe abmessen und aufheben.

**3** Tofu auf einen Teller geben und diesen in einem Topf auf eine umgedrehte Tasse stellen. Etwa 3 cm hoch Wasser angießen und zum Kochen bringen. Tofu bei starker Hitze zugedeckt etwa 5 Min. dämpfen. Dann in dünne Scheiben schneiden.

**4** In einer Pfanne 2 EL Schweineschmalz erhitzen. Tofuscheiben darin bei mittlerer Hitze in etwa 5 Min. goldgelb braten. Herausnehmen und in Streifen schneiden.

**5** Das übrige Schweineschmalz in einer Pfanne oder im Wok erhitzen. Fleisch darin kurz bei starker Hitze anbraten. Reiswein dazugeben. Brühe, Einweichwasser der Garnelen, Pilze, Lilien, Bambus, Frühlingszwiebel, Ingwer, Garnelen und Tofu dazugeben. Das Gericht mit Sojasauce und Salz abschmecken und zum Kochen bringen. Speisestärke zugleßen und das Gericht noch einmal aufkochen lassen.

**6** Das Gericht auf eine Servierplatte geben und mit Pfeffer bestreuen. Nach Belieben Sesamöl darüber träufeln. Sehr heiß servieren.

**Info:** Wörtlich übersetzt heißt dieses Gericht »Von Jadeblättern golden eingefaßt«, weil der Tofu nach dem Braten innen weiß ist und außen gelbe Flecken hat. Diese Kombination verbindet man in China mit Reichtum und langem Leben.
Es gibt noch ein anderes Gericht mit einem ähnlichen Namen. Die »eingefaßten Jadeblätter« werden aber auf einem Papagei mit rotem Schnabel angerichtet. Der Papagei besteht aus Spinatblättern, der Stiel, der bei chinesischem Spinat rot gefärbt ist, ist der Schnabel.

# Tofu Ma-Po-Art

**Ma Po Dou Fu**

*Zutaten für 1 Servierteller*
*(2 Portionen):*
*300 g Tofu*
*2 Knoblauchzehen*
*(nach Belieben mehr)*
*1 Frühlingszwiebel*
*3 EL Pflanzenöl*
*100 g Hackfleisch*
*(vom Schwein, Rind oder gemischt)*
*1–2 EL scharfe Bohnenpaste*
*150 ml Hühnerbrühe oder Wasser*
*Salz*
*1 EL Speisestärke,*
*mit 3 EL Wasser angerührt*
*1 EL Sesamöl · 1 EL Chiliöl*

*Zubereitungszeit: 30 Min.*

*Pro Portion: 2200 kJ/ 520 kcal*

**1** Wasser in einem Topf zum Kochen bringen. Tofu in 1 cm große Würfel schneiden und etwa 1 Min. in kochendem Wasser blanchieren, um ihm den säuerlichen Geschmack zu nehmen. Knoblauch schälen, Frühlingszwiebel waschen und putzen. Beides fein hacken.

**2** Pflanzenöl in einer Pfanne oder im Wok erhitzen. Knoblauch und Frühlingszwiebel kurz darin anbraten. Hackfleisch dazugeben und unter kräftigem Rühren bei starker Hitze braten, bis es krümelig ist.

**3** Bohnenpaste und Brühe oder Wasser untermischen. Tofuwürfel dazugeben, mit Salz abschmecken und Brühe zum Kochen bringen. Hitze verringern und alles etwa 5 Min. schmoren. Angerührte Stärke dazugeben und noch einmal aufkochen, dann sofort servieren. Beim Essen Sesamöl und Chiliöl auf den Tofu geben.

**Info:** Ma Po Dou Fu heißt »Tofu der pockennarbigen Frau«. Während der Qing-Dynastie (1644–1911) gab es in der Stadt Cheng Du einen Tofu-Laden, dessen Besitzerin eine Frau mit Pockennarben war. Sie kochte Tofu besonders gerne auf diese Art.

**Tip!** Die Beschreibung für die Dekoration aus der Frühlingszwiebel finden Sie auf Seite 44.

## Tofu

Bohnen haben in China eine mehr als 5000jährige Geschichte – kein Wunder also, daß Produkte aus Bohnen im »Land der Mitte« nahezu unzählig sind. Eines der wichtigsten ist Tofu, das leichte, zartgelbe Produkt aus gestockter Sojabohnenmilch. In China gibt es neben dem hellen Tofu noch andere Tofusorten, z.B. fritierten und eingelegten Tofu. Die große Vielfalt der Tofugerichte ist vor allem in buddhistischen Klöstern entstanden, in denen nach Ersatz für Fisch und Fleisch gesucht wurde. Über den gesundheitlichen Wert von Tofu hegt man in China keinen Zweifel. Tofu enthält hochwertiges Eiweiß und lebensnotwendjge Fettsäuren, zudem Mineralstoffe und Vitamine. Tofu ist

*In China wird Tofu auch eingelegt und getrocknet angeboten.*

cholesterinfrei und hat nur wenig Kalorien.
Kaufen können Sie Tofu in Asien-Läden, Reformhäusern und Naturkostläden. Für chinesischen Geschmack ist der hiesige Tofu allerdings etwas zu säuerlich und fest. Durch kurzes Blanchieren können Sie ihn verfeinern oder Sie verwenden Instant-Tofu, der sehr viel zarter ist und dem chinesischen Geschmack eher entspricht.

# Krümel-Tofu

*Gelingt leicht*   Ji Zhuo Dou Fu

*Zutaten für 1 Servierteller*
*(2 Portionen):*
*5 getrocknete Tongku-Pilze*
*20 getrocknete Lilienblüten*
*1 Frühlingszwiebel*
*30 g geröstete Erdnüsse · 300 g Tofu*
*30 g roher geräucherter Schinken*
*(2 dünne Scheiben)*
*50 g Bambussprossen*
*3 EL Schweineschmalz*
*(ersatzweise 4 EL Pflanzenöl)*
*50 g gehacktes Schweinefleisch*
*(evtl. weglassen und 20 g mehr*
*Schinken nehmen) · 1 TL Reiswein*
*Salz · 1 EL helle Sojasauce*
*1 TL Speisestärke, in 3 EL Wasser*
*angerührt · 1 TL Sesamöl*

*Zubereitungszeit: 40 Min.*

*Pro Portion: 2200 kJ/ 520 kcal*

**1** Pilze und Lilienblüten in heißem Wasser etwa 10 Min einweichen. Inzwischen Frühlingszwiebel putzen und fein hacken. Erdnüsse mit einem großen schweren Messer hacken. Tofu in dünne Scheiben schneiden. Dann Pilze und Lilienblüten waschen und mit Schinken und Bambussprossen in etwa ½ cm große Würfel schneiden.

**2** In einer Pfanne oder im Wok 1 EL Schweineschmalz erhitzen. Hackfleisch darin unter Rühren bei starker Hitze etwa 1 Min. braten, bis es krümelig ist. Bambus, Pilze und Lilienblüten dazugeben und kurz mitbraten. Reiswein angießen und alles etwa 1 Min. weiterbraten, bis es duftet. Dann aus der Pfanne nehmen.

**3** Restliches Schmalz erhitzen. Tofuscheiben darin bei mittlerer Hitze von beiden Seiten in etwa 5 Min. goldgelb braten. Dann mit dem Pfannenwender fein zerkrümeln. Die Fleischmischung wieder dazugeben und mit Salz und Sojasauce abschmecken. Stärke unterrühren und alles einmal aufkochen lassen.

**4** Tofu in einer Schüssel anrichten und mit Sesamöl beträufeln. Schinken, Frühlingszwiebeln und Erdnüsse darüber streuen.

**Info:** In der Original-Übersetzung heißt dieses Gericht »Tofu pickender Hahn«, weil das Picken des Hahns der Bewegung ähnelt, die man beim feinen Zerkrümeln des Tofus macht.

# Gedämpfte Eier

**Gelingt leicht**

**Rou Bing Zheng Dan**

**Zutaten für 1 Servierteller
(2 Portionen):**
**1 Frühlingszwiebel**
**150 g gehacktes Schweinefleisch**
**2 EL Pflanzenöl**
**2 EL helle Sojasauce**
**3 Eier**
**Salz**
**200 ml Fleischbrühe oder Wasser**

**Zubereitungszeit: 30 Min.**

**Pro Portion: 2400 kJ/ 570 kcal**

**1** Frühlingszwiebel putzen und fein hacken. Dann mit Hackfleisch mischen.

**2** Eier verquirlen und salzen. Fleischbrühe oder Wasser unterrühren und die Masse in eine hitzebeständige Schüssel geben. Die Schüssel in einen Topf auf eine umgedrehte Tasse stellen. Etwa 3 cm hoch Wasser angießen und die Eiermasse zugedeckt bei starker Hitze etwa 10 Min. dämpfen.

**3** Öl in einer Pfanne oder im Wok erhitzen. Fleisch darin unter kräftigem Rühren bei starker Hitze etwa 2 Min. braten, bis es krümelig ist. Sojasauce untermischen. Hitze reduzieren und Fleisch warm halten.

**4** Das Fleisch auf dem Ei verteilen und servieren.

**Info:** Dieses Gericht kann eine Suppe ersetzen, da sich beim Dämpfen etwas Flüssigkeit absetzt. Es wird aber in China nicht als Suppe, sondern als Suppengericht bezeichnet.

**Variante:** Sie können statt des Schweinefleisches auch Garnelen nehmen und diese fein hacken. Dann sollten Sie aber die Sojasauce weglassen.

# Eier mit Fischfleisch

**Aus Nordchina · Raffiniert**  **Sai Pang Xie**

**Zutaten für 1 Servierteller
(2 Portionen):
100 g festes Fischfilet,
z.B. Rotbarsch
3–4 Eier (je nach Größe)
2 EL Speisestärke
1 EL Reiswein
Salz
1 walnußgroßes Stück Ingwerwurzel
½ l Pflanzenöl zum Fritieren
50 ml Fleischbrühe oder Wasser
1–2 EL brauner Essig
nach Belieben: 1 Scheibe Rettich
zum Verzieren**

**Zubereitungszeit: 30 Min.**

**Pro Portion: 2700 kJ/ 640 kcal**

**1** Fischfilet kalt abspülen und trockentupfen. Dann in etwa 1 cm dicke und 3 cm lange Stücke schneiden und in eine Schüssel geben. 1 Ei trennen. Eiweiß mit der Speisestärke glattrühren. Mit Reiswein und Salz unter die Fischwürfel mischen. Ingwer schälen und fein hacken.

**2** Öl in einem Topf oder Wok erhitzen. Es ist heiß genug, wenn an einem hölzernen Kochlöffelstiel oder Eßstäbchen, das Sie ins heiße Fett tauchen, kleine Bläschen aufsteigen.

**3** Fisch im Öl in 2–3 Portionen je etwa 2 Min. fritieren, bis die Stärkemasse fest, aber noch hell ist. Abtropfen lassen.

**4** Öl bis auf einen dünnen Film ausgießen. Eier mit dem Eigelb hineingeben. Fisch hinzufügen und Eier mit einem Stäbchen ringförmig durchrühren, so daß weiße und gelbe Spuren darin zu sehen sind. Eier stocken lassen.

**5** Brühe oder Wasser, Essig und Ingwer dazugeben und das Gericht sofort servieren.

**Info:** Krebse, die in China sehr beliebt, aber auch sehr teuer sind, werden immer mit Ingwer und Essig zubereitet. Dieses Gericht, das in der wörtlichen Übersetzung »Schmeckt genausogut wie Krebs« heißt, ist eine preiswertere Variante, die geschmacklich tatsächlich an ein Krebsgericht erinnert.

**Tip!** Schneiden Sie aus der Rettichscheibe einen kleinen Fisch zur Verzierung des Tellers.

# Frühlings-Komposition

**Geht schnell**  **Thun Rhe Cai**

**Zutaten für 1 Servierteller
(2 Portionen):
50 g Glasnudeln
200 g Sojasprossen
nach Belieben: 100 g Spinat
5–6 Stengel chinesischer Schnittlauch
(ersatzweise 2 Frühlingszwiebeln)
3 Eier · Salz
5 EL Pflanzenöl
6 Sichuan-Pfefferkörner
1 EL Sesamöl**

**Zubereitungszeit: 25 Min.**

**Pro Portion: 2700 kJ/ 640 kcal**

**1** Glasnudeln etwa 10 Min. in lauwarmem Wasser einweichen. Inzwischen Sojasprossen waschen. Spinat verlesen, waschen, und in 4–5 cm große Stücke schneiden.

**2** Spinat in sprudelnd kochendem Wasser etwa 1 Min. blanchieren, dann abtropfen lassen. Schnittlauch waschen und fein schneiden. Glasnudeln abtropfen lassen und kleiner schneiden.

**3** Eier verquirlen. Mit Salz würzen. Etwa 3 EL Pflanzenöl in einer Pfanne oder im Wok erhitzen. Eiermasse darin unter Rühren bei starker Hitze knapp 1 Min. garen, bis die Masse krümelig ist. Herausnehmen.

**4** Restliches Pflanzenöl erhitzen. Sichuan-Pfefferkörner hineingeben und anbraten, bis sie würzig duften. Wieder herausnehmen. Schnittlauch kurz anbraten. Sojasprossen und Glasnudeln dazugeben und 2–3 Min. unter Rühren bei starker Hitze garen, bis die Glasnudeln weich sind. Spinat und Eiermasse untermischen und alles etwa ½ Min. unter Rühren erhitzen.

**5** Gericht salzen und mit Sesamöl beträufeln.

# Tomaten mit Ei

**Preiswert · Gelingt leicht**

**Xi Hong Shi Chao Dan**

*Zutaten für 1 Servierteller
(2 Portionen):
200 g Eiertomaten
1 Frühlingszwiebel
3–4 Eier (je nach Größe)
Salz
5 EL Pflanzenöl
1 gehäufter EL Zucker*

*Zubereitungszeit: 30 Min.*

*Pro Portion:
2200 kJ/ 520 kcal*

**1** Tomaten mit kochendem Wasser überbrühen, kurz darin ziehen lassen, kalt abschrecken und häuten. Tomaten längs halbieren und in etwa 2 cm breite Stücke schneiden. Frühlingszwiebel putzen und in feine Streifen schneiden oder fein hacken. Eier in einer Schüssel mit etwas Salz verquirlen.

**2** In einer Pfanne oder im Wok 4 EL Öl erhitzen. Eier hineingeben und bei starker Hitze stocken lassen, dann grob zerteilen und so lange weiterbraten, bis die Masse goldgelb, aber nicht trocken ist. Das dauert etwa 1 Min. Eierstücke aus der Pfanne nehmen.

**3** Restliches Öl erhitzen. Frühlingszwiebel darin kurz anbraten. Tomaten dazugeben und unter Rühren bei starker Hitze 1–2 Min. braten. Salz und Zucker untermischen. Eier wieder unterrühren und kurz erwärmen.

**Tip!** Sehr gut eignen sich für dieses Gericht auch geschälte Tomaten aus der Dose (1 kleine Dose, 400 g; etwas Sauce wegnehmen und evtl. als Suppe verwenden). Dann etwas mehr Zucker nehmen und die gebratenen Eier nicht aus der Pfanne nehmen, sondern die Tomaten gleich dazugeben und grob zerkleinern.
Die Frühlingszwiebel können Sie auch zum Schluß roh über das Gericht streuen.

# Eier mit fünf Köstlichkeiten

**Aus Peking · Gelingt leicht**     Liu Huang Cai

*Zutaten für 1 Servierteller*
*(2 Portionen):*
*25 g gegartes Hühnerfleisch*
*40 g roh geräucherter Schinken*
*(2 Scheiben)*
*20 g Bambussprossen*
*3 Wasserkastanien*
*50 g Garnelen*
*(ersatzweise 10 g getrocknete*
*Garnelen, 20 Min. eingeweicht)*
*3–4 Eier (je nach Größe)*
*Salz*
*1 EL Speisestärke, in 4 EL Wasser*
*angerührt*
*200 ml Hühnerbrühe oder Wasser*
*3 EL Schweineschmalz (ersatzweise*
*4 EL Pflanzenöl)*

*Zubereitungszeit: 25 Min.*

*Pro Portion:*
*2200 kJ/ 520 kcal*

**1** Hähnchenfleisch, Schinken, Bambus und Wasserkastanien kleinschneiden. Garnelen von Kopf, Schale und Darm befreien und ebenfalls kleinschneiden. Eier verquirlen und dazugeben. Salz, Speisestärke und Brühe bzw. Wasser untermischen.

**2** Schweineschmalz oder Öl in einer Pfanne oder im Wok sehr heiß werden lassen. Eiermasse hineingießen und etwas stocken lassen. Dabei die flüssige Masse von der Oberfläche immer wieder etwas an die Seite schieben, damit sie ebenfalls fester wird. Den Eierkuchen dann in mundgerechte Stücke zerteilen und bei starker Hitze etwa 1 Min. weitergaren, bis die Masse ganz gestockt ist. In einem tiefen Teller oder in einer Schüssel servieren. Nach Belieben mit Schnittlauch verzieren.

**Info:** Dieses Gericht ist sehr zart und relativ flüssig. Die Chinesen essen es öfter anstelle einer Suppe.

**Tip!** Falls Sie einmal frische Bambussprossen im Asien-Laden sehen, greifen Sie zu, denn sie sind hierzulande eine Seltenheit und schmecken unvergleichlich besser als die Sprossen aus der Dose. Roh essen dürfen Sie Bambussprossen auf keinen Fall, denn manche Sorten enthalten Blausäure. Beim Garen verschwindet die Blausäure. Vor dem Essen müssen Sie die Sprossen immer schälen und kochen oder einige Minuten braten.
Aus dem Rest – Sie brauchen für dieses Gericht ja nur wenig – können Sie Gemüse zubereiten.

# TEIGWAREN UND REIS

Chinesische Nudeln gelten als die ältesten der Welt, sollen ohnehin eine chinesische Erfindung sein, die von Marco Polo über die Seidenstraße nach Italien gebracht worden ist.

Nudeln dürfen in China bei keinem Geburtstagsessen fehlen, denn sie symbolisieren langes Leben. Aus diesem Grund sollen sie auch nicht kleingeschnitten werden, denn das hieße, das Leben zu verkürzen. Nudeln gibt es mittlerweile auch in China maschinell hergestellt, aber die meisten Chinesen essen sie lieber hausgemacht und nehmen sich, wann immer es geht, die Zeit, sie selbst zu machen.

Vor allem im alltäglichen Leben Nordchinas spielen Teigwaren eine große Rolle. Die einfachste Form ist Mantou (Dampfbrot aus Weizenmehl), das sowohl pur als Beilage wie auch als Imbiß oder Hauptgericht gegessen wird. Mantou gibt es mit den verschiedensten Füllungen – salzig oder süß, mit Fleisch oder vegetarisch, groß oder klein geformt.

Hauptnahrungsmittel ist in vielen Gebieten Chinas bis heute Reis; ob als sättigende Beilage oder als eigenständiges Gericht wie gebratener Reis mit Eiern, Gemüse oder anderen schmackhaften Zutaten – Reis ist vielseitig und läßt sich mit fast allem kombinieren.

*Teigtaschen gibt es in China mit den verschiedensten süßen oder salzigen Füllungen.*

# Nudeln mit Rindfleisch

*Aus Kanton · Braucht etwas Zeit*

**Niu Rou Chao Mian**

*Zutaten für 1 Servierteller
(2 Portionen):
150 g Rinderfilet
1 TL trockene Speisestärke
30 g frische Tongku-Pilze (Shiitake)
30 g Bambussprossen
(eventuell weglassen)
1–2 Frühlingszwiebeln
2 dünne Scheiben Ingwerwurzel
150 g Pack choi, ersatzweise Spinat
250 g mitteldicke chinesische Nudeln
6 EL Pflanzenöl · 1 TL Reiswein
3 EL helle Sojasauce
5 EL Fleischbrühe oder Wasser · Salz
weißer Pfeffer, frisch gemahlen*

*Zubereitungszeit: 40 Min.*

*Pro Portion: 3500 kJ/ 830 kcal*

**1** Rindfleisch waschen und trocken-tupfen. Dann in dünne Scheiben oder Streifen schneiden und mit Stärke mischen. Pilze putzen und in Scheiben schneiden. Bambus auch in Scheiben schneiden. Frühlingszwiebel putzen und in dünne Scheiben schneiden. Ingwer schälen und hacken. Pack choi oder Spinat waschen, putzen und in etwa 2 cm große Stücke schneiden.

**2** In einem Topf reichlich Wasser zum Kochen bringen. Nudeln hineingeben und nicht ganz gar kochen (Die chinesischen Nudeln haben eine viel kürzere Garzeit als die italienischen. Sie müssen ab und zu eine Nudel probieren, und wenn Sie für Ihren Geschmack noch etwas zu viel Biß hat, herausnehmen).

Abschrecken und gut abtropfen lassen. Mit 1 EL Öl mischen, damit die Nudeln nicht zusammenkleben.

**3** In einer Pfanne oder im Wok 2 EL Öl erhitzen. Rindfleisch und Ingwer hineingeben und unter Rühren bei starker Hitze kurz braten. Reiswein und 1 EL Sojasauce dazugeben. Das Fleisch herausnehmen.

**4** Restliches Öl erhitzen. Frühlingszwiebel, Bambus, Tongku-Pilze und Gemüse dazugeben und unter Rühren 1–2 Min. braten, bis das Gemüse bißfest ist.

**5** Nudeln dazugeben und mit der Brühe bzw. Wasser, 2 EL Sojasauce, Salz und Pfeffer würzen. Fleisch wieder untermischen und nochmals erwärmen.

*Ein guter Nudelmacher kann die Nudeln kilometerlang ziehen.*

# Nudelsorten

Ein Großteil der chinesischen Nudeln wird aus Weizenmehl, Wasser und Salz – mit oder ohne Eier – hergestellt. Daneben gibt es auch Nudeln aus Reismehl und Sojamehl. Eine Besonderheit der chinesischen Küche sind Glasnudeln, die aus gemahlenen Mungobohnen hergestellt werden. Diese Sorten bekommen Sie problemlos in Asien-Läden und großen Supermärkten. Am beliebtesten sind in China frische Nudeln, die je nach Gegend verschieden geformt sind. Bezüglich der Form können Sie zwischen unterschiedlichen Längen und Breiten wählen, beliebt sind auch »Nestnudeln«, dünn wie feine Spaghetti und zu Nestern gedreht. Dünne Nudeln

verwendet man meist für Nudelsuppe. Für Gerichte mit gebratenen Nudeln eignen sich breite Nudeln, ähnlich den italienischen Bandnudeln, am besten,

da sie ihre Form beim Braten nicht verlieren. Aber auch Reisnudeln – in der gleichen Breite – können Sie gut verwenden.

# Glasnudeln mit Hackfleisch

*Raffiniert · Gelingt leicht*

**Ma Yi Shang Shu**

**Zutaten für 1 Servierteller
(2 Portionen):**
**100 g gehacktes Schweinefleisch**
**1 EL Reiswein · 1 Stange Lauch**
**3 dünne Scheiben Ingwerwurzel**
**2–3 Knoblauchzehen**
**400 ml Pflanzenöl zum Fritieren**
**75 g Glasnudeln**
**1 EL scharfe Bohnenpaste**
**2 EL helle Sojasauce**

**Zubereitungszeit: 30 Min.**

**Pro Portion: 2500 kJ/ 600 kcal**

**1** Hackfleisch mit der Hälfte des Reisweins mischen. Lauch putzen, waschen und erst in etwa 4 cm lange Stücke, dann längs in Streifen schneiden. Ingwer und Knoblauch schälen und fein hacken.

**2** Öl in einem Topf oder Wok stark erhitzen. Trockene Glasnudeln etwas auseinanderreißen, in 3 Portionen hineingeben und jede Portion 1–2 Min. fritieren, bis die Nudeln aufgehen und nicht mehr durchsichtig sind. Dann die Glasnudeln vorsichtig herausnehmen.

**3** Aus dem Topf oder Wok 2 EL Öl nehmen und in einer Pfanne erhitzen. Hackfleisch darin unter Rühren bei starker Hitze braten, bis es krümelig ist. Bohnenpaste, Lauch, Ingwer und Knoblauch dazugeben und etwa 2 Min. weiterrühren.

**4** Restlichen Reiswein und Sojasauce dazugeben. ¼ l Wasser angießen. Glasnudeln hinzufügen und unter Rühren bei starker Hitze etwa 2 Min. kochen, bis die Flüssigkeit verdampft ist.

# Nudeln mit Fleischwürfeln

*Aus Nordchina · Raffiniert*

**Zha Jiang Mian**

**Zutaten für 1 Servierteller
(3 Portionen):**
**1 EL getrocknete Garnelen**
**4–5 getrocknete Tongku-Pilze**
**100 g roher magerer Schweinebauch
ohne Schwarte und Knorpel**
**30 g Bambussprossen**
**2 dünne Scheiben Ingwerwurzel**
**1 Frühlingszwiebel**
**1 Stück Gurke (etwa 10 cm lang)**
**2 EL Pflanzenöl**
**100 g »süße« Bohnenpaste
(wird nur im Vergleich zur scharfen
süß genannt)**
**1 TL Zucker · 1 TL Reiswein**
**250 g breite chinesische Nudeln**
**1 EL Sesamöl**

**Zubereitungszeit: 40 Min.**

**Pro Portion: 2300 kJ/ 550 kcal**

**1** Garnelen und Tongku-Pilze getrennt in heißem Wasser etwa 20 Min. einweichen. Inzwischen Schweinebauch und Bambus sehr klein würfeln. Ingwer schälen, Frühlingszwiebel putzen und beides fein hacken. Gurke gründlich waschen und möglichst schräg in Scheiben, dann in Streifen schneiden.

**2** Garnelen und Tongku-Pilze aus dem Wasser nehmen, waschen und klein schneiden.

**3** In einem Topf Wasser zum Kochen bringen. Nudeln ins kochende Wasser geben und etwa 10 Min. garen.

**4** Inzwischen Pflanzenöl in einer Pfanne oder einem Wok erhitzen. Ingwer und Frühlingszwiebel darin unter Rühren anbraten. Fleisch, Bambussprossen, Garnelen und Pilze dazugeben und unter Rühren etwa 1 Min. anbraten. Bohnenpaste dazugeben und die Mischung aufkochen lassen. Dann die Hitze verringern. Zucker und Reiswein unter die Sauce rühren und etwa 2 Min. unter Rühren kochen lassen. Wenn die Sauce zu dick wird, etwas Wasser untermischen.

**5** Nudeln abtropfen lassen und in den Servierteller füllen. Gurkenstreifen darüber geben, mit Sauce bedecken und mit Sesamöl beträufeln.

**Tip!** Von der Sauce können Sie auch gleich eine größere Menge zubereiten, denn sie hält sich gut verschlossen im Kühlschrank mindestens 1 Woche.

# Kalte Nudeln mit 4 Saucen

**Aus Sichuan · Gut vorzubereiten**

**Si Wei Liang Mian**

*Zutaten für 1 Servierteller*
*(3 Portionen):*
*Für die Nudeln:*
*150 g Sojasprossen · 4 rohe Garnelen*
*4 weiße Spargelstangen*
*(evtl. weglassen)*
*300 g dünne chinesische Nudeln*
*3 EL Sesamöl*
*etwa 10 dünne Gurkenscheiben*

*Für die 1. Sauce:*
*1 walnußgroßes Stück Ingwerwurzel*
*3 EL brauner Essig*
*2 EL dunkle Sojasauce · 1 EL Sesamöl*

*Für die 2. Sauce:*
*3 Knoblauchzehen*
*2 EL Sesampaste (aus dem Naturkost-*
*laden; ersatzweise Erdnußpaste)*
*Salz · 1 EL Zucker · 1 EL helle Sojasauce*
*1 TL brauner Essig*
*1 TL scharfe Bohnenpaste*

*Für die 3. Sauce:*
*1 Frühlingszwiebel · 1 TL Sichuan-*
*Pfeffer, frisch gemahlen · 1 EL Sesamöl*
*2 EL helle Sojasauce · evtl. etwas Chiliöl*

*Für die 4. Sauce:*
*1 EL scharfer Senf*
*2 EL dunkle Sojasauce*
*2 EL brauner Essig · 1 EL Sesamöl*

*Zubereitungszeit: 40 Min.*

*Pro Portion:*
*2500 kJ/ 600 kcal*

**1** In einem Topf Wasser zum Kochen bringen. Sojasprossen waschen, putzen und etwa 2 Min. im kochenden Wasser blanchieren. Garnelen putzen, vom Darm befreien und etwa 1 Min. blanchieren. Dann in dünne Scheiben schneiden. Spargel schälen, schräg in dünne Scheiben schneiden und etwa 2 Min. blanchieren (sprudelnd kochen).

**2** In einem anderen Topf Wasser zum Kochen bringen. Nudeln in kochendem Wasser bißfest garen. (Sie müssen ab und zu eine Nudel probieren, da die Kochzeiten sehr unterschiedlich sind). Dann abtropfen lassen, mit Sesamöl mischen, damit sie nicht zusammenkleben und abkühlen lassen.

**3** Nudeln auf den Teller geben und Gurkenscheiben, Sojasprossen, Garnelen und Spargel daneben anrichten oder getrennt in Schüsseln füllen.

**4** Für die erste Sauce Ingwer schälen, fein hacken und mit Essig, Sojasauce und Sesamöl verrühren. Für die zweite Sauce Knoblauch schälen, fein hacken und mit Sesampaste oder Erdnußpaste, Salz, Zucker, Sojasauce, Essig, Bohnenpaste und 1 EL Wasser mischen. Für die dritte Sauce Frühlingszwiebel putzen und fein hacken, mit Sichuan-Pfeffer, Sesamöl, Sojasauce und evtl. Chiliöl mischen. Für die vierte Sauce Senf, Sojasauce, Essig und Sesamöl mischen. Die Saucen getrennt in Schälchen füllen. Zum Essen die Nudeln und die anderen Zutaten nach Belieben mit den Sauce mischen.

# Sojasauce

Sojasauce ist schon seit langer Zeit die wichtigste Würze in der chinesischen Küche. Sie wird durch Fermentieren einer Mischung aus Sojabohnen, Salz, geröstetem Weizen und Hefe gewonnen. Bei den chinesischen Sorten werden vor allem helle und dunkle Sojasauce unterschieden. Die sogenannte helle, die in der Flasche fast genauso aussieht wie die dunkle, ist salziger und wird daher in geringeren Mengen verwendet. Die Gerichte bekommen durch sie weniger Farbe – daher der Name »Helle Sojasauce«. Bei Gerichten, deren Farbe möglichst bewahrt werden soll, wie beispielsweise Speisen mit Spinat, Pilzen o. ä.

**Sojasprossen und -bohnen sind Basis vieler Sojaprodukte.**

wird eher die hellere Sauce verwendet. Die dunkle Sojasauce hat dagegen einen intensiveren Geschmack und gibt vor allem Fleischgerichten eine appetitlich braune Färbung. Es gibt noch eine dunklere Sauce mit Pilzen, »Mushroom Soysauce«. Sie enthält Auszüge von Champignons, ist besonders aromatisch, aber auch sehr intensiv. Grundsätzlich können Sie sie wie andere Sojasaucen verwenden, nur etwas sparsamer.

# Chinesische Pfannkuchen

**Aus Nordchina · Braucht etwas Zeit**

**Cong You Bing**

*Zutaten für 3 Pfannkuchen:*
*500 g Mehl + Mehl zum Ausrollen*
*50 g Frühlingszwiebel,*
*geputzt gewogen*
*1½ TL Salz*
*7 EL Pflanzenöl*
*(oder etwa 60 g Schweineschmalz)*

*Zubereitungszeit: 40 Min.*

*Pro Pfannkuchen: 3400 kJ/ 810 kcal*

**1** Mehl in eine Schüssel geben und mit etwa ¼ l heißem Wasser mischen. Den Teig so lange kneten, bis er sehr gut bindet. Er soll geschmeidig sein, darf aber nicht an den Fingern kleben. Ist er zu weich, etwa 30 Min. trocknen lassen, ist er zu hart, etwa 30 Minuten in ein feuchtes Tuch wickeln.

**2** Frühlingszwiebel putzen, waschen, und in dünne Scheiben schneiden.

**3** Teig in 3 gleich große Stücke teilen. Eine Portion auf wenig Mehl möglichst rund etwa 2 mm dick ausrollen. ½ TL Salz darauf verreiben. 2 EL Öl darauf streichen und mit einem Drittel Frühlingszwiebeln belegen.

**4** Die Teigplatte zusammenrollen. Die Enden etwas zudrücken, damit das Öl nicht ausfließt. Die Rolle nach innen rollen, so daß eine Schnecke entsteht.

**5** Diese Schnecke auf Mehl noch einmal zu einer Dicke von etwa 0,7 cm ausrollen. Die anderen zwei Teigstücke genauso formen.

**6** Eine Pfanne bei schwacher bis mittlerer Hitze erwärmen und mit etwas Öl ausstreichen. Einen Pfannkuchen hineingeben und pro Seite etwa 5 Min. zugedeckt garen, bis er leicht gebräunt ist. Die anderen beiden Pfannkuchen ebenso garen.

**7** Die Pfannkuchen vor dem Essen etwas von außen nach innen zusammendrücken, damit die Schichten wieder auseinander gehen. Zum Servieren in acht Stücke schneiden oder von Hand auseinanderziehen.

**Variante:** Statt Frühlingszwiebel können Sie auch gemahlenen Sichuan-Pfeffer, statt einfachem Öl auch Sesamöl nehmen. Eine ganz persönliche Variante: Currypulver mit Salz und Öl auf den Teig streichen.

**Tip!** Falls von den Pfannkuchen etwas übrig bleibt, schneiden Sie sie in Streifen und mischen sie unter gebratenes Gemüse und Fleisch, ähnlich wie gebratene Nudeln.

# Lotosblätter-Pfannkuchen

**Aus Peking · Gut vorzubereiten**

He Ye Bing

**Zutaten für etwa 20 Stück:**
**500 g Mehl + Mehl zum Ausrollen**
**4 EL Pflanzenöl**

**Zubereitungszeit: 30 Min.**

**Pro Stück: 450 kJ/ 110 kcal**

**1** Mehl in eine Schüssel geben und mit etwa 200 ml heißem Wasser so lange verkneten, bis der Teig gut bindet.

**2** Aus dem Teig eine Rolle formen und diese in etwa 40 gleich große Stücke schneiden. Die Rolle dabei nach jedem Schnitt etwas drehen, damit die Stücke schön rund bleiben.

**3** Teigstücke auf eine Arbeitsplatte mit wenig Mehl geben. Mit der Hand darauf auseinanderdrücken, bis sie rund sind. Die Oberfläche mit Öl bepinseln. Ein zweites Stück darauf drücken. Dann mit der Teigrolle vorsichtig zu einer runden Platte von etwa 15 cm Durchmesser ausrollen. Auf diese Weise alle Pfannkuchen formen.

**4** Eine Pfanne bei schwacher bis mittlerer Hitze erwärmen und mit etwas Öl auspinseln. Nacheinander alle Pfannkuchen darin pro Seite bei mittlerer Hitze 1–2 Min. braten, bis sie leicht gebräunt sind.

**5** Beim Essen die beiden Schichten wieder auseinanderziehen und die innere Seite nach oben auf den Teller legen. Beim Peking-Ente-Essen diese Seite füllen.

**Tip!** Wenn von den Lotosblätter-Pfannkuchen etwas übrig bleibt, können Sie die Pfannkuchen in Streifen schneiden und mit gebratenem Gemüse oder Fleisch mischen.

# Gebratene Wan Tan

**Aus Kanton · Braucht etwas Zeit**  **Jian Hun Tun**

**Zutaten für etwa 40 Stück**
**(Als Hauptgericht für 4 Portionen):**
**250 g Schweinefilet**
**100 g rohe Garnelen**
**3–4 Frühlingszwiebeln**
**3 dünne Scheiben Ingwerwurzel**
**1 Ei**
**5 EL Pflanzenöl**
**2 EL Sesamöl**
**2 EL helle Sojasauce**
**Salz**
**etwa 40 Blätter tiefgefrorener**
**Wan-Tan-Teig**

**Zubereitungszeit: 1¼ Std.**

**Pro Portion: 3000 kJ/ 710 kcal**

**1** Fleisch abwaschen und trockentupfen. Garnelen von Kopf, Schale und Darm befreien und beides fein hacken. Frühlingszwiebeln putzen und waschen, Ingwer schälen und beides fein schneiden.

**2** Ei verquirlen. 1 EL Pflanzenöl in einer Pfanne erhitzen. Ei darin verteilen und bei mittlerer Hitze einen dünnen Pfannkuchen daraus braten. Dann fein zerkleinern und wieder herausnehmen.

**3** Für die Füllung Fleisch in eine Schüssel geben und mit Garnelen, Frühlingszwiebeln, Ingwer, Eistückchen, Sesamöl, Sojasauce und Salz mischen.

**4** Teigblätter auf der Arbeitsfläche ausbreiten. Ränder mit etwas kaltem Wasser bestreichen. In die Mitte jeweils ein etwa kastaniengroßes Stück Füllung geben.

**5** Das Teigstück diagonal zusammenklappen. Die Ränder andrücken. Die beiden spitzen Enden auf einer Seite der Teigtasche zusammendrücken.

**6** Restliches Pflanzenöl in einem Wok oder einer Pfanne erhitzen. Die Teigtaschen darin portionsweise bei mittlerer Hitze zugedeckt in etwa 2 Min. braun braten. Dann wenden und offen in 2 Min. fertig braten. Die Hitze erhöhen. 2 EL Wasser über den Teigtaschen verteilen und bei aufgelegtem Deckel verdampfen lassen. Die Teigtaschen in einer Schüssel servieren.

**Tip!** Die Wan Tan schmecken pur oder mit Essig, Sojasauce und Chiliöl. Gut paßt auch süß-saure Sauce dazu.

# Chinesische Ravioli

*Aus Nordchina · Etwas schwieriger* **Jiaozi**

***Zutaten für etwa 50 Stück
(3–4 Portionen):***
***500 g Mehl + Mehl zum Ausrollen***
***250 g Rinder- oder Schweinefilet***
***250 g chinesischer Schnittlauch
oder Chinakohl***
***Salz***
***2 dünne Scheiben Ingwerwurzel***
***1 Frühlingszwiebel***
***1 EL helle Sojasauce***
***1 EL Reiswein***
***Zum Dippen pro Person:***
***1 TL Sesamöl***
***2 EL milder brauner Reisessig***

***Zubereitungszeit: 1½ Std.***
***(+ 1 Std. Ruhen)***

***Bei 4 Portionen pro Portion:***
***2300 kJ/ 550 kcal***

**1** Mehl mit etwa ¼ l lauwarmem Wasser zu einem glatten Teig verkneten. In ein feuchtes Tuch wickeln und 1 Std. ruhen lassen.

**2** Inzwischen Fleisch waschen, trockentupfen und sehr fein hacken. Schnittlauch oder Chinakohl waschen, putzen und ebenfalls hacken. Chinakohl mit etwas Salz mischen und etwa 10 Min. ziehen lassen. Dann in ein Tuch wickeln und gut ausdrücken. Ingwer schälen und fein hacken. Frühlingszwiebel waschen, putzen und ebenfalls fein hacken.

**3** Fleisch in eine Schüssel geben und mit Schnittlauch oder Chinakohl, Ingwer, Frühlingszwiebel, Salz, Sojasauce, Reiswein und 2–3 EL kaltem Wasser verrühren.

**4** Teig portionsweise auf wenig Mehl zu Rollen von etwa 2 ½ cm Durchmesser formen. Die Rollen in insgesamt etwa 50 Stücke teilen.

**5** Teigstücke mit einem kleinen Rollholz rund ausrollen. Dazu immer wieder etwas drehen.

**6** Auf jedes Teigstück 1 TL Füllung geben. Die Stücke zu Halbmonden zusammenlegen, die Ränder andrücken.

**7** In einem großen Topf Wasser zum Kochen bringen, Ravioli hineingeben und Wasser wieder aufkochen lassen. 1 Tasse kaltes Wasser zugießen und erneut zum Kochen bringen. Nach dem dritten Aufkochen sind die Ravioli fertig. Beim Essen in Öl-Essig-Mischung tauchen.

**Variante:** Zu diesem Gericht schmecken auch gehäutete Tomaten gut. Das Fruchtfleisch würfeln, mit etwas Salz mischen, kurz ziehen, dann gut abtropfen lassen. Erst zum Schluß unter die Füllung mischen.
Rindfleisch schmeckt am besten zusammen mit chinesischem Schnittlauch. Schweinefleisch harmoniert besser mit Chinakohl. Wenn Sie sich für Schweinefleisch entscheiden, können Sie auch Spinat unter die Füllung mischen, und einige gehackte Garnelen geben dann ein besonders feines Aroma.

**Tip!** Machen Sie es doch einmal wie chinesische Familien: Bereiten Sie den Teig und die Füllung vor und stellen die Teigtaschen mit den Gästen zusammen fertig, während Sie sich gemütlich unterhalten.

# Teigtaschen mit Bohnen

**Don Jiao Su Bao Zi**

*Vegetarisch · Gut vorzubereiten*

*Zutaten für etwa 40 Stück*
*(als Hauptgericht für 4–6 Portionen):*
*500 g Mehl*
*20 g Hefe (½ Würfel)*
*25 g mittelgroße getrocknete*
*Mu-Err-Pilze*
*400 g grüne Bohnen*
*50 g frische Tongku-Pilze (Shiitake),*
*ersatzweise Austernpilze*
*50 g Bambussprossen*
*3 EL Pflanzenöl*
*2 EL helle Sojasauce*
*Salz*
*3 EL Sesamöl*
*außerdem: Bambusdämpfer,*
*ersatzweise Dunsteinsatz*

*Zubereitungszeit: 1½ Std.*

*Bei 6 Portionen pro Portion:*
*2600 kJ/ 620 kcal*

**1** Mehl in eine Schüssel geben. Hefe in ¼ l lauwarmem Wasser auflösen und dazugeben. Teig gründlich verkneten und unter einem leicht angefeuchteten Tuch etwa 30 Min. an einem warmen Ort gehen lassen.

**2** Inzwischen Mu-Err-Pilze in heißem Wasser etwa 10 Min. einweichen, dann abtropfen lassen. Bohnen putzen, waschen und in sehr feine Scheiben schneiden. Tongku- oder Austernpilze putzen. Bambus und Pilze fein zerkleinern.

**3** Pflanzenöl in einer Pfanne oder im Wok erhitzen. Bohnen darin unter Rühren bei starker Hitze etwa 1 Min. anbraten. Beide Pilzsorten und die Bambussprossen dazugeben und unter Rühren alles 4–5 Minuten braten. Dann das Gemüse mit Sojasauce und Salz abschmecken und abkühlen lassen. Erst dann das Sesamöl untermischen.

**4** Teig noch einmal gut durchkneten. Dann zu einer Rolle formen und anschließend in etwa 40 Stücke teilen.

**5** Die Teigstücke in runde Stücke von etwa 10 cm Durchmesser rollen. Die Mitte soll dünner als der Rand sein.

**6** Je etwa 1 EL Füllung in der Mitte verteilen und mit dem Löffel etwas zusammendrücken. Den Teig an einem Ende nach oben ziehen. Den Teig nun in Falten um die Füllung zusammenlegen. Dabei den Teig immer wieder etwas nach oben ziehen, damit er gleichmäßig dick wird. Zum Schluß das obere Ende etwas zusammendrehen.

**7** In einen Topf Wasser geben und zum Kochen bringen. Bambusdämpfer mit einem feuchten Tuch auskleiden und in den Topf stellen. Die Teigtaschen mit mindestens 2 cm Entfernung voneinander hineingeben und portionsweise bei starker Hitze über dem heißen Dampf zugedeckt etwa 6 Min. dämpfen. (Sie können auch eine Bißprobe machen. Aber bitte den Deckel schnell wieder auflegen). Ansonsten im Dunsteinsatz dämpfen.

**Variante:** Ein bekanntes Gericht aus Shanghai geht folgendermaßen: Die Teigtaschen werden in Öl gebraten und anschließend mit Sesam bestreut. Auch für übriggebliebene Teigtaschen ist das eine gute Lösung.
Als Füllung können Sie anstelle der Bohnen übrigens auch Fleisch oder Fleisch mit Gemüse nehmen.

# Frühlingsrollen

**Aus Kanton · Braucht etwas Zeit**

**Zha Chun Juan**

*Zutaten für 14 Stück*
*(als Imbiß für 4 Portionen):*
*25 g Glasnudeln*
*4 getrocknete Tongku-Pilze*
*250 g Sojasprossen · 50 g Blattspinat*
*50 g chinesischer Schnittlauch*
*(ersatzweise Schnittlauch oder*
*Frühlingszwiebeln)*
*200 g Schweinefilet*
*3 EL Pflanzenöl*
*+ ½ l Pflanzenöl zum Fritieren*
*Salz · 1 TL Speisestärke,*
*mit 3 EL Wasser angerührt*
*1 EL Sesamöl*
*14 tiefgefrorene Teigstücke für*
*Frühlingsrollen (21 x 21 cm Größe)*
*Zum Verkleben: 1½ EL Speise-*
*stärke, mit 4–5 TL Wasser angerührt*

*Zubereitungszeit: 1¼ Std.*

**Pro Portion: 2800 kJ/ 670 kcal**

**1** Glasnudeln und Pilze getrennt in heißem Wasser etwa 10 Min. quellen lassen. Inzwischen Sojasprossen, Spinat und Schnittlauch oder Frühlingszwiebeln waschen, putzen und fein schneiden. Schweinefilet waschen, trockentupfen und in Streifen schneiden.

**2** Pilze dann von den Stielen befreien und in Streifen schneiden. Glasnudeln mit einer Küchenschere zerkleinern.

**3** In einer Pfanne oder im Wok 3 EL Öl erhitzen. Fleisch darin bei starker Hitze unter Rühren etwa 2 Min. braten, bis es sich gleichmäßig hell gefärbt hat. Gemüse, Pilze, Glasnudeln dazugeben, salzen und etwa 3 Min. mitbraten. Speisestärke untermischen und die Pfanne vom Herd ziehen. Sesamöl untermischen.

**4** Teigstücke einzeln auf der Arbeitsfläche auslegen. Auf die untere Hälfte eine Portion Füllung geben und in der Form einer Wurst zusammendrücken. Den Teig darüber klappen und einmal rollen. Die Ränder nach innen schlagen und die Rolle fast ganz aufrollen. Das restliche Teigstück mit der dick angerührten Speisestärke bepinseln und die Frühlingsrolle fertigrollen. Auf diese Weise alle 14 Rollen zubereiten.

**5** Öl in einem hohen Topf erhitzen. Es ist heiß genug, wenn an einem hölzernen Stäbchen, das man ins heiße Fett taucht, kleine Bläschen aufsteigen. Frühlingsrollen in 2–3 Portionen im heißen Fett jeweils etwa 2 Min fritieren. Herausnehmen und auf Küchenpapier abtropfen lassen.

**Info:** Frühlingsrollen kennt man seit der nördlichen Song-Dynastie (960–1127). Sie wurden ursprünglich, nicht wie viele denken am Frühlingsfest (Neujahr), sondern am ersten Tag des Frühlings gegessen.

In der Form erinnern sie an Seidenraupen, die im Frühjahr schlüpfen. Traditionell hielt die Kaiserin als Schutzgöttin des Seidenbaus an einem für günstig befundenen Tag eine Zeremonie ab, nach der man Frühlingsrollen servierte. Die Raupen sollten sich gut entwickeln, damit im Herbst viel Seide produziert werden konnte, die seit ältester Zeit eines der wichtigsten chinesischen Handelsgüter ist.

**Tip!** Zu den Frühlingsrollen schmeckt Sojasauce oder auch eine süß-saure Sauce (fertig gekauft).

In der Packung sind immer 40–50 Teigstücke. Sie können aber die benötigten Blätter vorsichtig abziehen und den Rest gleich wieder einfrieren. Oder den Rest des Teiges in Viertel oder Achtel schneiden und fritieren. Dann gut abtropfen lassen, mit etwas Zucker bestreuen und als Nachspeise servieren.

Als Füllung schmeckt auch süße rote Bohnenpaste aus der Dose (Bing Tang Tian Dou Sha), typisch für Nachspeisen oder als Imbiß in Shanghai.

# Reis auf chinesische Art

**Gelingt leicht**

**Da Mi Fan**

**Zutaten für 4 Portionen:**
**400 g Spezialreis aus dem Asien-**
**Laden, notfalls Langkornreis**

**Zubereitungszeit: 20 Min.**

**Pro Portion: 1500 kJ/ 360 kcal**

**1** Reis in ein Sieb geben und kurz mit kaltem Wasser abspülen.

**2** Reis in einen Topf geben. So viel Wasser angießen, daß es etwa 1 cm über dem Reis steht. Dann bei starker Hitze ohne Deckel zum Kochen bringen.

**3** Auf der Rand des Topfes zwei hitzebeständige Stäbchen legen. Den Deckel auflegen und den Reis bei mittlerer bis schwacher Hitze garen, bis die Flüssigkeit verdampft ist. Das dauert je nach Topfgröße 5–10 Min.

**4** Den Reis dann ganz zugedeckt (die Stäbchen wegnehmen) bei schwächster Hitze noch einmal etwa 10 Min. ausquellen lassen.

**Tip!** Chinesen finden, daß Reis immer besser schmeckt, je länger er ausquillt. Während der ganzen Garzeit sollten Sie den Reis übrigens nicht durchrühren. So bildet sich am Topfboden auch eine Kruste, die sehr gut schmeckt, wenn man sie am nächsten Tag fritiert. Gesalzener Reis, wie Europäer ihn kochen, paßt nicht zu chinesischem Essen. Er soll auch etwas weicher sein, als man ihn in Europa liebt.

# Reis

Seit Tausenden von Jahren wächst Reis in Asien. In China wird er bereits seit etwa 7000 Jahren in größeren Mengen angebaut. Zum Wachsen braucht Reis viel Wärme und vor allem Feuchtigkeit. Die Setzlinge werden deshalb in den regenreichen Perioden in den Feldern eingepflanzt, die während der ganzen Wachstumszeit immer ausreichend feucht sein müssen.

Die Felder werden meistens schon vor dem Einpflanzen der Setzlinge bewässert, um genügend Feuchtigkeit zu speichern, und mit einem Schutzwall umgeben, damit die Erde richtig unter Wasser stehen kann. Reis kann ein- bis dreimal pro Jahr geerntet werden. Am besten

*Bevor die Reissetzlinge ins Feld kommen, muß die Erde gelockert werden.*

schmeckt der Reis, der am längsten gereift ist.

Es gibt drei ökologische Sorten Reis, und zwar Langkorn, Rundkorn und Mittelkorn. Daneben gibt es noch den Klebreis, der einen höheren Kleberanteil hat als anderer Reis und in der chinesischen Küche für Aufläufe, Füllungen, Puddings und zum Backen verwendet wird.

# Reis mit Ei und Schinken

**Huo Tui Dan Chao Fan**

*Aus Südchina · Gelingt leicht*

*Zutaten für 1 Servierteller
(2 Portionen):
1 Frühlingszwiebel
50 g roh geräucherter Schinken,
oder luftgetrockneter
(2 dicke Scheiben)
oder chinesische Wurst Xiang Chang
3–4 Eier (je nach Größe)
Salz
5–6 EL Pflanzenöl
300 g gegarter Reis vom Vortag*

*Zubereitungszeit: 25 Min.*

*Pro Portion: 4600 kJ/ 1100 kcal*

**1** Frühlingszwiebel putzen und fein schneiden. Schinken würfeln. Eier verquirlen und mit Salz abschmecken.

**2** In einer Pfanne oder im Wok 2 EL Öl erhitzen. Eiermasse hineingeben und bei mittlerer Hitze stocken lassen. Dann zerteilen und etwa 1 Min. weitergaren, bis die Stücke goldgelb, aber nicht trocken sind (wie bei europäischem Rührei). Anschließend die Masse herausnehmen.

**3** Restliches Öl in der Pfanne oder im Wok erhitzen. Frühlingszwiebel und Schinken darin unter Rühren bei starker Hitze anbraten. Reis dazugeben und mit den Kochstäbchen oder einem Löffel auseinanderlösen, bis er nicht mehr klebrig ist. Reis salzen und einige Minuten unter Rühren braten.

**4** Eier wieder untermischen, dann das Gericht in einer Glasschüssel anrichten und servieren.

**Variante:** Dieses Gericht ist ein Grundrezept, das Sie vielfältig abwandeln können. Sehr beliebt ist gebratener Reis mit 8 Kostbarkeiten, das sind Garnelen, Schinken, Pilze, Bambus, Gurken, Möhren, Erbsen und rote Zwiebeln.

# Reiskrusten mit Austernpilzen

**Mo Gu Guo Ba**

*Aus Nordchina · Geht schnell*

*Zutaten für 1 Servierteller
(2 Portionen):
5 mittelgroße getrocknete
Mu-Err-Pilze
100 g rohe Garnelen
150 g Austernpilze
1 Frühlingszwiebel
300 ml Pflanzenöl zum Fritieren
150 g getrocknete Reiskrusten
1 TL Reiswein · Salz
150 ml Hühnerbrühe oder Wasser
1 TL Speisestärke,
mit 2 EL Wasser angerührt*

*Zubereitungszeit: 25 Min.*

*Pro Portion: 2400 kJ/ 570 kcal*

**1** Mu-Err-Pilze etwa 10 Min. in warmem Wasser einweichen. Inzwischen Garnelen von Kopf, Schale und Darm befreien, putzen und würfeln. Austernpilze putzen und in Stücke reißen.

**2** Mu-Err-Pilze kalt abspülen, vom Stiel befreien und eventuell auseinanderreißen. Austernpilze etwa 1 Min. in kochendem Wasser blanchieren. Dann gründlich trockentupfen. Frühlingszwiebel putzen und in Scheiben schneiden.

**3** Öl in einer Pfanne oder im Wok erhitzen. Reiskrusten darin etwa 2 Min. fritieren, bis sie etwas aufgegangen und leicht gebräunt sind. Abtropfen lassen und eventuell etwas auseinanderbrechen.

**4** Öl bis auf etwa 2 EL ausgießen. Garnelen unter Rühren kurz im verbliebenem Öl bei starker Hitze braten. Beide Pilzsorten dazugeben und ebenfalls kurz braten. Reiswein, Salz und Brühe oder Wasser dazugeben und zum Kochen bringen. Speisestärke dazugeben und alles noch einmal aufkochen.

**5** Pilze in eine Schüssel geben und mit der Frühlingszwiebel bestreuen. Reiskrusten getrennt dazu servieren oder in die Schüssel geben.

# KÖSTLICHE SUPPEN

Suppen dürfen bei einem guten chinesischen Essen auf gar keinen Fall fehlen. Sie gehören sowohl zum einfachen Familienmahl als auch zum Festschmaus. Im Gegensatz zu den Tischsitten in Europa wird die Suppe aber nicht vor dem Hauptgang serviert und dient auch nicht als Appetitanreger.

Meist wird sie nach den Reisgerichten gegessen, sozusagen als Abschluß und Ausklang eines Menüs. Im Familienkreis wird oft eine größere Menge zubereitet, die dann während des Essens und zwischen den einzelnen Gängen getrunken wird. Manchmal gibt es beim alltäglichen Essen die Suppe auch zusammen mit einem anderen Gericht.

Bei mehrgängigen Festessen wird die Suppe öfters zum Schluß »getrunken« – wie man in China passenderweise sagt – und die Einlage kann man anschließend mit Stäbchen essen. Es gibt sehr unterschiedliche Suppen in China – die Palette reicht von einer einfachen Brühe bis hin zur dicken, eintopfartigen Suppe.

Gegessen wird die Suppe normalerweise mit Porzellanlöffeln aus Suppenschälchen, die etwas kleiner sind als die Eßschälchen. Logischerweise essen die Chinesen eher wenig Suppe – nach all den vorangegangenen Köstlichkeiten. Daher reichen die folgenden Rezepte für eine Servierschüssel für vier Personen. Wenn Sie allerdings die Suppe nicht als wohlschmeckenden Abschluß des Essens betrachten, sondern Ihren Gästen zum Sattwerden servieren, können Sie die Zutaten ruhig verdoppeln.

*Frischer Koriander ist eine beliebte Würze in der chinesischen Küche.*

# Sauer-scharfe Suppe

**Suan La Tang**

*Aus Peking · Raffiniert*

*Zutaten für 4 Portionen:*
*50 g Schweinefilet*
*5 getrocknete Mu-Err-Pilze*
*50 g junger Tofu*
*(ersatzweise anderer Tofu)*
*30 g Spinat*
*30 g Bambussprossen*
*1 Stück Lauch (etwa 3 cm lang)*
*nach Belieben:*
*2–3 Zweige frischer Koriander*
*1½ EL Sesamöl*
*8 weiße Pfefferkörner*
*2 EL helle Sojasauce*
*1 EL Speisestärke, mit 3–4 EL*
*Wasser verrührt*
*2 Eier · 2 EL brauner Essig*
*1 EL Sichuan-Pfeffer-Öl*

*Zubereitungszeit: 35 Min.*

*Pro Portion: 680 kJ/ 160 kcal*

**1** Schweinefilet mit gut ½ l Wasser zum Kochen bringen, dann etwa 15 Min. bei schwacher Hitze darin ziehen lassen.

**2** Mu-Err-Pilze in warmem Wasser etwa 10 Min. einweichen. Inzwischen Tofu in 3 cm lange, 1 cm breite Streifen schneiden. Spinat waschen und in 3 cm große Stücke schneiden. Bambus in streichholzdicke Streifen schneiden. Lauch putzen und in feine Scheiben schneiden. Koriander waschen und mit dem Stiel in 1 cm lange Stücke schneiden. Mu-Err-Pilze aus dem Wasser nehmen und in Streifen schneiden.

**3** Inzwischen Wasser in einem anderen Topf zum Kochen bringen. Spinat, Mu-Err-Pilze, Tofu und Bambus in kochendem Wasser etwa 1 Min.

blanchieren. Fleisch aus dem Topf nehmen und in dünne Scheiben schneiden. Brühe aufheben.

**4** Sesamöl in einem Topf erhitzen. Pfeffer kurz darin anbraten, dann wieder herausnehmen. Lauch ebenfalls kurz darin anbraten. Brühe angießen und zum Kochen bringen. Fleisch und die blanchierten Zutaten dazugeben.

**5** Suppe mit Sojasauce abschmecken. Stärke einrühren und noch einmal aufkochen lassen. Eier in einer Schüssel verquirlen. In einem dünnen Strahl unter Rühren in die Suppe mischen.

**6** Suppe mit Essig mischen. Mit Koriander bestreuen und mit Sichuan-Pfeffer-Öl beträufeln.

# Rettichsuppe mit Garnelen

**Luo Bo Hai Mi Tang**

*Aus Nordchina · Geht schnell*

*Zutaten für 4 Portionen:*
*20 g getrocknete Garnelen oder*
*100 g rohe Garnelen*
*100 g weißer Rettich*
*1 Frühlingszwiebel*
*2 EL Schweineschmalz*
*½ l Fleischbrühe (selbstgekocht)*
*oder Wasser*
*1 TL Reiswein*
*1 Zweig frischer Koriander,*
*ersatzweise Schnittlauch*
*Salz*

*Zubereitungszeit: 30 Min.*

*Pro Servierschüssel: 360 kJ/ 86 kcal*

**1** Getrocknete Garnelen in heißem Wasser 10 Min. einweichen. Inzwischen Rettich schälen, der Länge nach halbieren und in dünne Scheiben schneiden.

**2** Getrocknete Garnelen waschen. Frische Garnelen von Kopf, Schale und dem dunklen, fadenförmigen Darm befreien. Frühlingszwiebel putzen und in feine Scheiben schneiden.

**3** Topf oder Wok erhitzen. 1 EL Schweineschmalz hineingeben. Frühlingszwiebel darin kurz anbraten. Fleischbrühe oder Wasser und Reiswein dazugeben und erhitzen.

**4** Rettich und eingeweichte Garnelen dazugeben. Wenn Sie frische Garnelen nehmen, erst zum Schluß zur heißen Suppe geben. Die Rettichsuppe etwa 5 Min. bei mittlerer Hitze kochen. Inzwischen Koriander waschen und die Blättchen abzupfen.

**5** Schaum von der Suppe abschöpfen. Die Rettichsuppe mit Salz abschmecken und 1 EL Schweineschmalz untermischen. Mit Koriander garniert servieren.

**Info:** Rettichsuppe gilt in China als Ginseng-Tee für arme Leute, denn sie stärkt die Abwehrkräfte.

# Bunter Feuertopf

**Aus Ostchina · Festlich**

Shi Jin Huo Guo

**Zutaten für 4–6 Portionen:**
100 g rohe Hühnerbrust
300 g Schweine- oder Rinderfilet
200 g rohe Garnelen
100 g roher geräucherter Schinken
300 g zarte Chinakohlblätter
300 g Spinat
20 g Ingwerwurzel
1 dünne Stange Lauch
500 g Glasnudeln
50 g Bambussprossen
100 g frische Tongku-Pilze (Shiitake)
150 g beliebiges Fischfilet
150 g Tofu
2–2 ½ l Hühnerbrühe
(selbst gekocht)
Salz · 200 g Fischklößchen
Sojasauce · Chiliöl · Sesamöl

**Zubereitungszeit: 1 Std.**

**Bei 6 Portionen pro Portion:**
4100 kJ/ 980 kcal

**1** Hühnerbrust und Filet in Folie wickeln und 30–60 Min. ins Gefrierfach legen. So läßt es sich leichter in dünnere Scheiben schneiden.

**2** Inzwischen Garnelen von Kopf, Schale und dem dunklen Darm befreien. Schinken in dünne Streifen schneiden. Chinakohl und Spinat waschen. Ingwer schälen, Lauch waschen und beides fein hacken.

**3** Glasnudeln etwa 10 Min. in heißem Wasser einweichen. Bambussprossen der Länge nach in dünne Scheiben schneiden. Pilze je nach Größe ganz lassen oder halbieren. Fischfilet unter kaltem Wasser abspülen, trockentupfen und würfeln. Tofu ebenfalls in Würfel schneiden.

**4** Glasnudeln abtropfen lassen und mit der Küchenschere etwas kleinschneiden. Fleisch und Hühnerbrust aus dem Gefrierfach nehmen und in ganz dünne Scheiben schneiden.

**5** Hühnerbrühe erhitzen, dann in den angeheizten Feuertopf füllen. Mit Salz abschmecken. Alle Zutaten auf verschiedenen Tellern auf dem Tisch arrangieren. Den Feuertopf in die Mitte stellen.

**6** Bambus, Schinken und Fischklößchen in die Brühe geben und garen, bis die Brühe wieder kocht. Diese Zutaten zuerst essen, dann die restlichen Zutaten außer Lauch und Ingwer nacheinander kurz in der heißen Brühe garen und mit den zum Feuertopf gehörenden Siebchen herausfischen.

**7** Dazu Salz und Pfeffer, Sojasauce, Chiliöl, Sesamöl und gehackten Ingwer und Lauch servieren. Zum Schluß die Suppe trinken.

**Tip!** Falls Sie keinen Feuertopf haben, können Sie auch einen Fondue-Topf verwenden.

# Feuertopf

Die ersten Feuertöpfe gab es bereits in der Song-Dynastie (960–1279), seine Blütezeit erlebte der Topf aber in der Mitte der Qing-Dynastie (1644–1911). Aus den Aufzeichnungen eines Palastkochs des Qing-Kaisers Qianlong (1736–1795) erfährt man, daß sein Kaiser Feuertopf besonders liebte. Anläßlich eines Feuertopf-Festes berichtet er von 530 Tischen mit ebensovielen Feuertöpfen. Bis heute ist der Feuertopf so populär, daß er sowohl bei großen Banketts als auch beim festlichen Mahl zu Hause immer wieder gerne serviert wird. Der Feuertopf ist im Winter und im Sommer beliebt, im Sommer stellen ihn die Chinesen gerne im Freien auf. In China gibt es noch immer überwiegend den traditionellen Topf, der mit Holzkohle beheizt wird. Diesen Topf sollten Sie

*Das junge Paar genießt das Essen aus dem Feuertopf in Tian Jin.*

allerdings eher im Freien verwenden. Es gibt bei uns inzwischen eine große Auswahl an Feuertöpfen, die mit Brennpaste oder Strom erhitzt werden. Das Schöne am Feuertopf ist, daß alle gesellig beisammen sitzen und jeder selbst entscheidet, was und wieviel er essen möchte. Die Zutaten werden vorher kleingeschnitten, so daß die

Garzeit nur wenige Minuten beträgt und alles schön knackig und aromatisch bleibt. Jeder kann nun die ausgewählten Zutaten mit Hilfe von Fonduegabeln, chinesischen Stäbchen oder den Metallsieben, die zum Feuertopf gehören, in der köchelnden Brühe selbst zubereiten.

# Nudelsuppe mit fünf Farben

*Raffiniert · Braucht etwas Zeit*

Wu Se Tang Mian

**Zutaten für 4 Portionen:**
*100 g rohe Garnelen*
*1 entbeinte Hühnerbrust*
*(etwa 100 g)*
*Salz*
*weißer Pfeffer, frisch gemahlen*
*1 TL Reiswein*
*1 Handvoll Spinat*
*1 Frühlingszwiebel*
*150 g frische Tongku-Pilze (Shiitake)*
*30 g roher luftgetrockneter Schinken*
*(2 dünne Scheiben)*
*150 g Nestnudeln*
*gut ½ l Hühnerbrühe (selbst gekocht)*

*Zubereitungszeit: 40 Min.*
*(+ 30 Min. Ruhen)*

*Pro Portion: 950 kJ/ 230 kcal*

**1** Garnelen von Kopf, Schale und dem dunklen Darm befreien. Hühnerbrust und Garnelen mit Salz, Pfeffer und Reiswein auf einer hitzebeständigen Teller geben. 30 Min. marinieren.

**2** In einen Topf eine umgedrehte Tasse stellen und etwa 3 cm hoch Wasser angießen. Den Teller mit Hühnerbrust und Garnelen darauf stellen und diese bei mittlerer Hitze etwa 15 Min. dämpfen. Abkühlen lassen. Garnelen halbieren, Hühnerfleisch in Streifen zupfen.

**3** Spinat waschen und in 3 cm große Stücke schneiden. Frühlingszwiebel in feine Scheiben schneiden. Tongkupilze in Streifen schneiden. Schinken in etwa 2 cm große Quadrate schneiden.

**4** In einem weiten Topf Wasser zum Kochen bringen. Pilze und Spinat etwa 1 Min. blanchieren. Abschrecken und abtropfen lassen. Salzen und pfeffern

**5** In einem anderen Topf reichlich Wasser zum Kochen bringen. Die Nudeln darin in etwa 4 Min. garen. Mit einem Schaumlöffel herausholen und in eine Suppenschüssel geben.

**6** Hühnerbrühe zum Kochen bringen, salzen. Frühlingszwiebel, Hühnerfleisch, Garnelen, Spinat, Pilze und Schinken auf den Nudeln dekorativ nach Farben getrennt anordnen. Dann Hühnerbrühe auch in die Schüssel füllen.

# Seetang-Knoblauch-Suppe

*Geht schnell*

Dan Hua Zi Cai Tang

**Zutaten für 4 Portionen:**
*2–3 Knoblauchzehen*
*1 Frühlingszwiebel*
*1 Blatt gepreßter Seetang*
*(Nori oder Purpurtang)*
*2 Eier · Salz*
*2 EL Pflanzenöl*
*2 EL Sesamöl*
*½ l Hühnerbrühe (selbst gekocht)*
*oder Wasser*

*Zubereitungszeit: 25 Min.*

*Pro Portion: 810 kJ/ 190 kcal*

**1** Knoblauch schälen und in Scheiben schneiden. Frühlingszwiebel putzen und ebenfalls in feine Scheiben schneiden. Seetang mit der Hand in mundgerechte Stücke reißen. Eier verquirlen und salzen.

**2** Pflanzenöl in einer Pfanne erhitzen. Eiermasse hineingeben und durch Schwenken wie einen Pfannkuchen verteilen. Bei schwacher Hitze 1–2 Min. braten, bis auch die Oberfläche goldbraun ist. Eierkuchen herausnehmen, etwas erkalten lassen und in etwa 2 cm große Rauten schneiden.

**3** In einen Topf 1 EL Sesamöl erwärmen. Knoblauch dazugeben und kurz anbraten. Brühe oder Wasser angießen, salzen und zum Kochen bringen.

**4** Eierrauten und Seetang in die Suppe geben. Beim Servieren 1 EL Sesamöl über die Suppe träufeln, Frühlingszwiebel darüber streuen.

**Tip!** Manche Menschen mögen den Fischgeruch von Seetang nicht so gerne. Er verschwindet, wenn Sie etwas braunen Essig und Sojasauce zugeben. Allerdings ist die Farbe der Suppe dann nicht mehr so attraktiv.

# Fischklößchensuppe

**Aus Ostchina**    Yu Yuan En Cai Tang

**Zutaten für 4 Portionen:**
50 g Bambussprossen
100 g Zucchini
50 g frische Tongku-Pilze (Shiitake)
2 dünne Scheiben Ingwerwurzel
1 Stück Lauch (etwa 3 cm lang)
1 TL Reiswein
300 g beliebiges Fischfilet
Salz
2 Eiweiß
1 EL trockene Speisestärke
1 EL Schweineschmalz,
ersatzweise Pflanzenöl
½ l Hühnerbrühe (selbst gekocht)
weißer Pfeffer, frisch gemahlen

**Zubereitungszeit: 35 Min.**

**Pro Portion: 1200 kJ/ 290 kcal**

**1** Bambus der Länge nach in dünne Scheiben schneiden. Zucchini putzen, waschen, der Länge nach halbieren und in dünne Scheiben schneiden. Pilze putzen und in Streifen schneiden.

**2** Ingwer schälen, Lauch putzen, beides grob zerkleinern und mit Reiswein in eine stabile Schüssel geben. Mit einem Stößel oder einem stabilen Löffel so lange pressen, bis sich Saft bildet. Ingwer und Lauch dann herausholen.

**3** Fischfilet kalt abspülen, trockentupfen, auf ein Brett geben und mit einem Hackmesser sehr fein hacken. Zu der Reisweinmischung geben und mit Salz würzen.

**4** Zu der Mischung 2 EL Wasser tropfenweise unter Rühren (immer in einer Richtung) hinzugeben. So lange weiterrühren, bis die Masse zusammenhält. Eiweiß und Stärke verquirlen und untermengen.

**5** Reichlich Wasser zum Kochen bringen. Aus der Fischmasse mit den Händen Klöße von etwa 2 cm Durchmesser formen und ins heiße Wasser geben. So lange garen, bis das Wasser wieder gründlich kocht. Die Klößchen mit einem Schaumlöffel herausholen.

**6** Schweineschmalz oder Öl in einer Pfanne erhitzen. Bambus, Zucchini und Pilze hineingeben und bei starker Hitze 1–2 Min. braten. Herausholen und in eine Suppenschüssel geben.

**7** Hühnerbrühe zum Kochen bringen und mit Salz abschmecken. Fischklößchen vorsichtig hineingeben. Suppe noch einmal zum Kochen bringen. Schaum abschöpfen und die Suppe in die Schüssel zum Gemüse gießen. Mit Pfeffer bestreut servieren.

**Variante:** Statt Fisch schmeckt gehacktes, mageres Schweinefleisch sehr gut. Es macht auch weniger Arbeit, weil man es nicht selbst hacken muß.

**Tip!** Fischklößchen gibt es im Asien-Laden auch tiefgefroren zu kaufen, wenn es einmal schnell gehen muß.

# Tomaten-Eierblumen-Suppe

**Aus Nordchina · Gelingt leicht**

Fan Qie Dan Hua Tang

**Zutaten für 4 Portionen:**
**2–3 Eiertomaten (je nach Größe)**
**2 Eier**
**Salz**
**1 Frühlingszwiebel**
**4 EL Pflanzenöl**
**weißer Pfeffer, frisch gemahlen**

**Zubereitungszeit: 30 Min.**

**Pro Portion: 770 kJ/ 180 kcal**

**1** Tomaten waschen, der Länge nach halbieren und in dünne Scheiben schneiden. Eier verquirlen und salzen. Frühlingszwiebel putzen und die weißen und die hellgrünen Stücke in feine Scheiben schneiden.

**2** Öl in einem Topf erhitzen. Tomaten dazugeben und bei starker Hitze unter Rühren etwa 2 Min. braten, bis sie Saft bilden und leicht zerfallen.

**3** Dann 400 ml Wasser dazugeben und zum Kochen bringen. Salzen. Die Eiermasse in einem dünnen Strahl unter kreisendem Rühren langsam einfließen und stocken lassen.

**4** Die Suppe in eine Schüssel geben, mit Frühlingszwiebelscheiben und Pfeffer bestreuen.

**Tip!** Damit die Eierblumen besonders fein werden, können Sie beim Quirlen 1–2 EL kaltes Wasser dazugeben.

# Suppe mit Milch und Kohl

**Cai Ye Nai Tang**

*Gelingt leicht · Geht schnell*

Zutaten für 4 Portionen:
50 g möglichst grüne Chinakohlblätter ohne Strunk,
geputzt gewogen
50 g roher geräucherter Schinken
(2 dicke Scheiben)
1 Frühlingszwiebel
1 EL Schweineschmalz
½ l Fleischbrühe (selbst gekocht)
oder Wasser
80 · 100 ml Milch
nach Belieben:
1 EL Schnittlauchröllchen

Zubereitungszeit: 20 Min.

Pro Portion: 430 kJ / 100 kcal

**1** Chinakohlblätter waschen und mit der Hand in mundgerechte Stücke reißen. Schinken würfeln. Frühlingszwiebel waschen, die weißen und hellgrünen Teile in feine Scheiben schneiden.

**2** Einen Topf oder Wok erhitzen. Das Schweineschmalz darin erwärmen. Frühlingszwiebel unter Rühren bei starker Hitze kurz anbraten. Schinken dazugeben und ebenfalls kurz braten.

**3** Brühe oder Wasser angießen und zum Kochen bringen. Chinakohl dazugeben und etwa 1 Min. kochen, bis er sich kräftiger grün färbt. Salzen. Evtl. den Schaum abschöpfen.

**4** Milch untermischen und die Suppe gleich servieren. Nach Belieben mit Schnittlauch garnieren.

**Info:** Die weit verbreitete Meinung, daß Chinesen keine Milch mögen, ist ein Irrtum. Nur Käse mögen sie nicht, da er in ihren Augen verdorbene Milch ist. Allerdings gibt es in China so wenig Milch, daß lange Zeit nur Kinder unter zwei Jahren sowie ältere und kranke Menschen Bezugsscheine dafür bekommen konnten. Jetzt kann man Milch in der Großstadt schon in vielen Läden kaufen.

**Tip!** Nachdem die Milch in der Suppe ist, darf sie nicht mehr kochen, sonst gerinnt die Milch und die Suppe sieht nicht mehr hübsch aus.

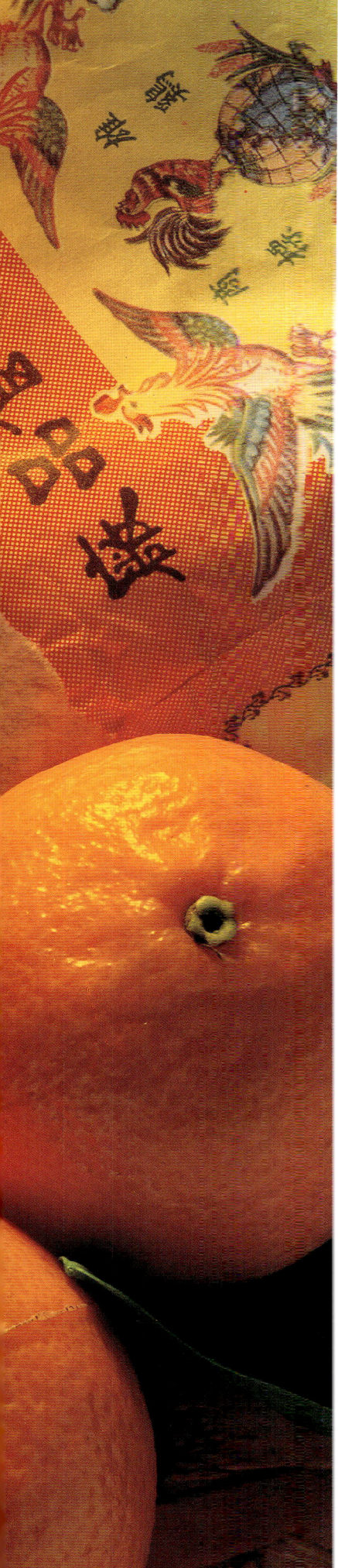

# SÜSSE GERICHTE

Ein Dessert zum Abschluß eines Menüs gibt es in China selten und ist eher als ein Zugeständnis an die ausländischen Besucher zu verstehen. Dennoch kennen Chinesen sehr leckere süße Speisen, die zu festlichen Anlässen und an Feiertagen zubereitet, oder auch einmal als kleiner Imbiß zum Tee serviert werden. Von den diversen Köstlichkeiten sind vor allem diejenigen beliebt, die mit Zutaten wie Lotospaste, Dosha (einer süßen Paste aus roten Bohnen), Klebreis oder Klebreismehl bereitet werden. Bei Festen verwöhnen die Chinesen sich und ihre Gäste mit den süßen Kleinigkeiten oft auch einmal zwischen den Gängen. In diesem Fall sollen die Süßspeisen – wie in Europa das Sorbet – den Geschmack neutralisieren. Falls Sie die Köstlichkeiten doch als Dessert servieren möchten, sollten Sie auf folgendes achten: nach einem schweren üppigen Essen etwas Leichtes, wie z.B. ein Gericht mit Obst oder eine süße Suppe anbieten. Nach einem kalorienarmen, vielleicht vegetarischen Essen kann es dagegen auch etwas Gehaltvolles wie eine Süßigkeit mit Klebreis sein.

**Die Chinesen reichen gerne Tee zu süßen Sachen.**

# Süße Klebreis-Klößchen

**Zhi Ma Tang Tuan**

*Aus Ostchina · Etwas schwieriger*

*Zutaten für 5 Portionen:*
*200 g schwarze Sesamsamen*
*100 g Schweineschmalz*
*50 g Zucker*
*250 g Klebreismehl*

*Zubereitungszeit 45 Min.*
*(+15 Min. Abkühlen)*

*Pro Portion: 2500 kJ / 600 kcal*

**1** Sesam in stehendes Wasser geben. Die leeren Hüllen abheben. Sesam herausnehmen, abtropfen lassen und in einer Pfanne ohne Fett bei mittlerer Hitze unter Rühren etwa 2 Min. rösten, bis er trocken ist. Dann in der Küchenmaschine fein pürieren oder mit einem Nudelholz zu Püree zerdrücken.

**2** Schweineschmalz mit Sesam und Zucker mischen und bei schwacher Hitze unter Rühren schmelzen lassen. Mischung auf einem Teller flach verteilen und im Kühlschrank etwa 30 Min. abkühlen lassen, bis sie wieder bindet. Zu ca. 35 Kugeln von etwa 2 cm Durchmesser formen.

**3** Klebreismehl mit etwa 200 ml lauwarmem Wasser verrühren, bis ein geschmeidiger Teig entsteht. Teig 3–5 Minuten kneten, bis er glänzt. Dann zu einer Rolle von etwa 2 cm Durchmesser formen. Die Rolle in Stücke von etwa 3 cm Länge schneiden. Dann mit der Hand ca. 35 runde Teigplatten von etwa 6 cm Durchmesser formen. Dabei die Mitte etwas dicker und den Rand etwas dünner formen.

**4** Teigstücke auf der Handinnenfläche flach und rund drücken, Sesamkugel darauflegen und vorsichtig schließen. Evtl. Risse im Teig zusammendrücken. Sie sollten den Teig möglichst rasch verarbeiten. Am besten decken Sie ihn mit einem feuchten Tuch ab, dann wird er nicht so schnell rissig.

**5** Wasser in einem Topf zum Kochen bringen. Die Kugeln in Teig mit einem Schaumlöffel vorsichtig hineingeben. Leicht umrühren, damit sie nicht am Topfboden festkleben. Etwa 5 Min. kochen lassen, bis sie an die Oberfläche steigen. Abtropfen lassen und etwas abkühlen lassen. Erst dann servieren, denn die Füllung wird sehr heiß.

**Info:** Die Klößchen werden in China traditionell am letzten Tag des Neujahrfestes, dem Lampionfest, zubereitet und immer abends gegessen. Durch die Klebrigkeit und die runde Form symbolisieren sie die Einheit der Familie und das fröhliche Zusammensein. Das Formen der Klößchen heißt »Tuan«, was auch Umarmen bedeutet, die runde Gestalt »Yuan«. Beide Worte zusammen bedeuten Zusammenkommen oder Vereinigen. Heutzutage ißt man die Klebreis-Klößchen auch am westlichen Neujahrstag und überhaupt im Winter gerne. Da sie so heiß sind, schmecken sie besonders in der kalten Jahreszeit. Sie werden überall als Straßenimbiß angeboten.

**Tip!** Die Füllung können Sie durch fertiggekaufte süße, rote Bohnenpaste (Bing Tang Hong Dou Sha) ersetzen. Gut schmecken die Klößchen auch, wenn Sie sie etwas größer formen und dann fritieren.

# Klebreis-Kuchen

**Festlich · Braucht etwas Zeit**  **Ba Bao Fan**

**Zutaten für 6–8 Portionen:**
**500 g Klebreis**
**1 gehäufter EL Schweineschmalz**
**30 g kandierte chinesische Datteln,**
**ersatzweise nicht chinesische**
**4–5 getrocknete Aprikosen**
**3 EL Walnußkerne**
**2 EL Rosinen**
**30 g Lotossamen aus der Dose**
**2 EL Sonnenblumenkerne**
**½ Dose süße rote Bohnenpaste**
**oder süße Lotospaste**
**4–5 EL Zucker oder Honig**
**1 EL Speisestärke,**
**mit 3 EL Wasser angerührt**

**Zubereitungszeit: 1½ Std.**

**Bei 8 Portionen pro Portion:**
**2100 kJ/ 500 kcal**

**1** Klebreis in einem Sieb kalt waschen und in eine hitzebeständige Schüssel geben. Dann ¾ l Wasser angießen.

**2** In einen Topf eine umgedrehte Tasse stellen und etwa 3 cm hoch Wasser angießen. Die Schüssel mit dem Reis darauf stellen und den Reis bei starker Hitze zugedeckt etwa 30 Min. dämpfen, bis er weich ist.

**3** Inzwischen eine ausreichend große runde Form mit der Hälfte des Schweineschmalzes ausstreichen. Das geht am besten, wenn Sie das Fett in die Form geben, diese kurz erhitzen und das geschmolzene Fett dann in der Form verteilen. Dann kurz ins Gefrierfach stellen, damit es wieder fest wird. Restliches Fett unter den heißen Reis mischen.

**4** Datteln waschen und halbieren. Aprikosen abwaschen, trockentupfen und in Würfel schneiden. Walnußkerne klein schneiden. Rosinen waschen und trockentupfen.

**5** Lotussamen, Datteln, Aprikosen, Walnußkerne, Rosinen und Sonnenblumenkerne in einem beliebigen, dekorativen Muster in der Form verteilen. Sehr hübsch ist zum Beispiel ein Blütenmuster o. ä.

**6** Die Hälfte des lauwarmen Klebreises vorsichtig in die Form geben. Die Bohnen- oder Lotospaste darauf streichen und mit dem restlichen Reis bedecken. Etwas festdrücken.

**7** Die Form in einen Topf auf eine umgedrehte Tasse geben, etwa 4 cm Wasser angießen und den Kuchen bei starker Hitze zugedeckt etwa 5 Min. dämpfen, bis er heiß wird.

**8** Inzwischen Zucker oder Honig in einem Topf mit 200 ml Wasser mischen. Speisestärke dazugeben und die Sauce unter Rühren erhitzen, bis sie dickflüssig wird.

**9** Den heißen Kuchen vorsichtig auf eine Platte stürzen. Zuckersauce darüber gießen.

**Varianten:** Statt Zucker können Sie für die Sauce auch Marmelade (ohne Fruchtstücke) oder Gelee nehmen. Ebenfalls mit Wasser und Speisestärke zubereiten. Auch die Füllung aus Bohnen- oder Lotospaste läßt sich durch Marmelade ersetzen.
Mit den gleichen Zutaten können Sie auch einen Reisbrei kochen.
Statt Lotussamen aus der Dose eignen sich auch getrocknete Lotussamen. Diesen mit kaltem Wasser bedeckt mindestens 8 Stunden quellen lassen. Dabei das Wasser öfter wechseln, damit die Lotussamen nicht mehr bitter schmecken.

**Info:** Die Kaiserinwitwe Cixi (1835–1908) liebte diesen Kuchen so sehr, daß sie ihn zur Palastspeise erhob. Einer ihrer Palastköche, der im Alter in seine Heimat Jiangsu zurückkehrte, hat den Kuchen dort so verbreitet, daß er inzwischen als eine Spezialität dieser Gegend gilt.

**Tip!** Sie können die Zutaten auch einfach am Boden der Form verteilen, es ist ein bißchen schwierig, ein Muster zu erhalten, wenn der klebrige Reis darauf verteilt wird. In einer Schüssel mit rundem Boden geht das leichter.

# Süßes »Yin-Yang«-Gelee

Tai Ji Tian Lu

*Etwas schwieriger*

**Zutaten für 4 Portionen:**
**6 Blätter helle Gelatine**
**(entspricht 10 g)**
**250 g rote Johannisbeeren,**
**ersatzweise ¼ l roten**
**Johannisbeersaft**
**150 g Zucker**
**¼ l Milch**
**Zum Dekorieren:**
**1 Kirsche**
**1 Lotossamen aus der Dose**

**Zubereitungszeit: 30 Min.**
**(+ 1 Std. Kühlen)**

**Pro Portion: 940 kJ/ 220 kcal**

**1** Gelatine in kaltem Wasser etwa 10 Min. einweichen.

**2** Inzwischen Johannisbeeren waschen und von den Stielen streifen. Beeren mit 150 ml Wasser in einem Topf aufkochen, dann etwa 10 Min. bei mittlerer Hitze köcheln lassen.

**3** Die Beeren durch ein Tuch laufen lassen, es soll ¼ l Saft dabei herauskommen.

**4** Den Saft noch einmal aufkochen. 100 g Zucker untermischen. Die Hälfte der Gelatine ausdrücken und unter Rühren im Saft auflösen.

**5** Milch mit dem restlichen Zucker in einem anderen Topf zum Kochen bringen. Restliche Gelatine darin auflösen.

**6** Aus einer starken Folie oder festem Papier eine S-Form bilden und in die Mitte einer großen Schüssel geben. Auf einer Seite die Milchmasse, auf der anderen die Johannisbeermasse einfüllen.

**7** Gelee im Kühlschrank in etwa 1 Std. fest werden lassen. Auf die helle Seite die Kirsche, auf die rote Seite den Lotossamen legen.

# Laba-Reisbrei

La Ba Zhou

*Aus Westchina · Braucht etwas Zeit*

**Zutaten für 8 Portionen:**
**50 g getrocknete rote Bohnen**
**100 g Reis (Duftreis oder Milchreis)**
**100 g Klebreis · 100 g Hirse**
**100 g kandierte chinesische Datteln,**
**ersatzweise nicht chinesische**
**50 g ungeröstete Erdnüsse**
**20 g Walnußkerne**
**20 g Sonnenblumenkerne**
**100 g weißer Zucker**
**100 g brauner Zucker**

**Zubereitungszeit: 1½ Std.**

**Pro Portion: 1400 kJ/ 330 kcal**

**1** Rote Bohnen in heißes Wasser geben und etwa 20 Min. quellen lassen. Inzwischen beide Reissorten und die Hirse waschen und abtropfen lassen.

**2** Datteln ebenfalls waschen.

**3** In einem Topf 1 l Wasser zum Kochen bringen. Die roten Bohnen hineingeben und bei schwacher Hitze zugedeckt etwa 30 Min. garen.

**4** Reis und Hirse, Erdnüsse, Walnußkerne, Sonnenblumenkerne und Datteln dazugeben und alles noch einmal etwa 20 Min. kochen.

**5** Sobald der Reisbrei dicklich wird, beide Zuckersorten untermischen und unter Rühren schmelzen. Den Reisbrei in Schälchen verteilen und sofort servieren, da er sonst trocken wird.

**Info:** Chinesische Datteln sind wesentlich kleiner und intensiv rot gefärbt.

**Tip!** Rote Bohnen können je nach Alter eine unterschiedlich lange Garzeit haben. Planen Sie also vorsichtshalber etwas mehr Zeit ein oder lassen Sie die Bohnen gleich über Nacht quellen.

# Silbermorchel-Gelee

*Aus Ostchina · Braucht etwas Zeit*

**Bing Tang Yin Er**

*Zutaten für 6–8 Portionen:*
*40 g getrocknete Silbermorcheln*
*150–200 g weißer Kandiszucker*
*2–3 Mandarinen*
*(ersatzweise aus der Dose)*

*Zubereitungszeit: 20 Min.*
*(+ 20 Min. Einweichen*
*+ 3½ Std. Dämpfen)*

*Bei 8 Portionen pro Portion:*
*470 kJ/ 110 kcal*

**1** Silbermorcheln in heißem Wasser etwa 20 Min. einweichen, bis sie weich werden. Dann gründlich waschen und die harten Stiele entfernen.

**2** Silbermorcheln mit Zucker in eine große hitzebeständige Schüssel geben und mit Wasser bedecken.

**3** In einer Topf eine umgedrehte Tasse stellen. Etwa 4 cm hoch Wasser angießen. Die Schüssel mit den Silbermorcheln darauf stellen. Morcheln zugedeckt bei mittlerer Hitze 3–3½ Std. dämpfen, bis die Masse dickflüssig wird. Dabei immer wieder Wasser in den Topf gießen. Je länger die Morcheln garen, desto mehr geliert die Flüssigkeit.

**4** Die Morcheln probieren, ob sie süß genug sind. Die Mandarinen schälen und filetieren. Nach Wunsch die Mandarinen kurz in kochendheißes Wasser tauchen, dann zu den Silbermorcheln geben.

**Info:** In der traditionellen chinesischen Medizin werden Silbermorcheln gegen hohen Blutdruck verordnet. In China wird diese Süßspeise meist warm gegessen. Im Sommer serviert man sie aber auch aus dem Kühlschrank.

**Tip!** Wenn Sie das Silbermorchel-Gelee farblich noch attraktiver möchten, können Sie zusätzlich zu den Mandarinen Kirschen, Trauben und Ananas servieren.

# Walnußcreme

*Aus Nordchina · Gelingt leicht* **He Tao Lao**

**Zutaten für 6 Portionen:**
200 g Walnußkerne
Salz
20 g getrocknete Aprikosen
50 g Klebreismehl
20 g Rosinen
120 g Zucker

**Zubereitungszeit: 1 Std.**

**Pro Portion: 1500 kJ/ 360 kcal**

**1** Im Topf Wasser zum Kochen bringen. Walnußkerne in eine Schüssel geben und mit dem kochenden Wasser und 1 Prise Salz begießen und kurz ziehen lassen. Dann abtropfen lassen und die braune Haut gründlich entfernen. Aprikosen abwaschen, trockentupfen und in kleine Stücke schneiden.

**2** Walnußkerne in der Küchenmaschine fein zerkleinern, dann mit 200 ml Wasser verrühren. Klebreismehl in einer anderen Schüssel mit 100 ml Wasser verrühren.

**3** Walnußmasse in einem Topf zum Kochen bringen. Klebreismasse langsam unter Rühren dazugeben. Die Creme bei schwacher Hitze weitergaren, bis sie dicklich wird. Dabei immer weiter rühren, damit die Masse nicht am Boden ansetzt.

**4** Rosinen waschen und trockentupfen. Zucker, Aprikosen und Rosinen untermischen. Die Creme warm oder abgekühlt servieren.

**Tips!** Als Dekoration eignen sich gehackte Mandeln oder kandierte Früchte in dünnen Scheiben, evtl. Walnußblätter.
Falls die Walnußmasse doch einmal anbrennt, diese gleich in einen anderen Topf umgießen und nicht weiterrühren, damit sich der bittere Geschmack nicht verbreitet.

# Glasierte Äpfel

*Aus Nordchina · Festlich*

Liu Li Ping Guo

*Zutaten für 4 Portionen:*
*500 g säuerliche Äpfel, z.B. Gloster*
*1 Eigelb*
*40 g Speisestärke*
*etwa 100 g Mehl zum Wälzen*
*³/₄ l Pflanzenöl zum Fritieren*
*150 g Zucker*
*2 EL helle Sesamsamen*

*Zubereitungszeit: 35 Min.*

*Pro Portion: 2300 kJ/ 550 kcal*

**1** Äpfel schälen, vierteln und vom Kerngehäuse befreien. Dann die Viertel jeweils noch zweimal längs teilen, so daß aus jedem Apfel 16 Stücke entstehen.

**2** Eigelb mit Speisestärke und etwa 60 ml Wasser verrühren. Der Teig soll so zähflüssig sein, daß er die Äpfel gleichmäßig überzieht. Apfelstücke zuerst in Mehl, dann im Teig wälzen.

**3** Öl in einem Topf erhitzen. Es ist heiß genug, wenn an einem hölzernen Stäbchen das man ins heiße Öl taucht, kleine Bläschen aufsteigen. Äpfel portionenweise im heißen Öl etwa 2 Min. fritieren, bis sie goldgelb sind. Dann mit einem Schaumlöffel wieder herausnehmen und abtropfen lassen.

**4** Öl bis auf einen dünnen Film ausgießen. Temperatur auf schwache Hitze reduzieren. Zucker ins verbliebene Öl geben und unter Rühren schmelzen lassen. Dann weiter erhitzen, bis sich Blasen bilden. Apfelstücke hineingeben, die Pfanne vom Herd nehmen und die Äpfel schnell mit der Zuckermasse verrühren. Sesam untermischen.

**5** Äpfel auf eine mit Alufolie ausgelegte Platte geben und großzügig verteilen, damit sie nicht zusammenkleben. Etwas abkühlen lassen, dann servieren.

**Variante:** Gut schmeckt es auch, wenn Sie die Äpfel nur fritieren und anschließend mit flüssigem Honig beträufeln. Statt Äpfeln schmecken auch Bananen, Ananas, Birnen oder auch Yamswurzeln, die Sie im Asien-Laden bekommen. Yamswurzeln werden immer heiß serviert.

# Rote Bohnensuppe mit Reis

*Aus Kanton · Braucht etwas Zeit*

Hong Dou Yuan Zi Tang

*Zutaten für 4-6 Portionen:*
*250 g getrocknete, kleine rote Bohnen*
*100 g Klebreismehl*
*etwa 100 g Zucker*

*Zubereitungszeit: 30 Min.*
*(+ 2 Std. Garen)*

*Bei 6 Portionen pro Portion:*
*1700 kJ/ 400 kcal*

**1** In einem Topf Wasser zum Kochen bringen. Die Bohnen im sprudelnd kochenden Wasser etwa 2 Min. kochen, dann das Wasser abgießen. Bohnen mit 1½ l frischen Wasser zum Kochen bringen und zugedeckt bei schwacher Hitze etwa 2 Std. kochen, bis sie weich sind. Dabei jeweils bei Bedarf noch Wasser dazugießen.

**2** Klebreismehl mit etwa 75 ml heißem Wasser verrühren, dann 2 EL kaltes Wasser dazugeben. Masse kneten, bis ein glatter Teig entsteht. Aus dem Teig etwa haselnußgroße Bällchen formen. Je kleiner, desto feiner sind sie. In einem Topf Wasser zum Kochen bringen.

**3** Die Klößchen in kochendes Wasser geben und 1–2 Min. bei mittlerer Hitze ziehen lassen, bis sie an die Oberfläche steigen. Abtropfen lassen.

**4** Die Bohnensuppe kräftig durchrühren und mit Zucker abschmecken. Klößchen hineingeben und servieren.

# Typische Speisenkombinationen

Je nachdem, wie viele Gäste Sie einladen möchten, können Sie 4, 6, 8 oder sogar noch mehr verschiedene Gerichte und eine Suppe zubereiten.

Die meisten Gerichte in diesem Buch sind für einen chinesischen Servierteller berechnet. Diese Menge ist ausreichend für 2 Personen, wenn Sie nur dieses eine Gericht und eventuell noch eine Suppe zubereiten.

Im größeren Kreis sind 4 Gerichte für 6 Personen gerade richtig, zusätzlich können Sie noch eine Suppe und ein Dessert anbieten.

Bei der Zusammenstellung der Speisen können Sie sich grundsätzlich nach Ihrem persönlichen Geschmack und dem saisonalen Angebot richten, einige Regeln sollten Sie aber immer beachten, denn nach chinesischem Verständnis muß auch beim Essen das Yin-Yang-Prinzip beachtet werden, d. h. daß das ausgewogene Verhältnis der verschiedenen Gerichte zueinander stimmen muß.

• So sollten es weder zuviele fette Speisen, noch zuviele Fleisch- oder Fischgerichte, aber auch nicht ausschließlich Speisen mit Gemüse sein. Wenn Sie beispielsweise vier Gerichte kochen möchten, wählen Sie am besten eines mit Fleisch, eines mit Fisch und die übrigen mit Gemüse, Tofu oder Eiern. Ganz vegetarisch kann es selbstverständlich auch einmal sein.

• Die Geschmacksrichtungen sollten sich nicht zu ähnlich sein, bereiten Sie also beispielsweise ein süß-saures, ein salziges und ein leicht scharfes Gericht. Bei großen Festessen werden nach chinesischer Sitte alle kalten Gerichte gleichzeitig serviert. Die heißen Speisen jedoch servieren die Chinesen nacheinander.

• Ein gelungenes Gericht muß nach chinesischem Verständnis nicht nur gut schmecken, sondern auch einen angenehmen Duft und eine ansprechende Farbe aufweisen. Die Farben sollten zudem miteinander harmonieren. Wenn Sie also ein Gericht mit Tomaten und eines mit Paprika zubereiten, nehmen Sie besser grüne Schoten, damit nicht zweimal die Farbe Rot im Mittelpunkt steht. Auch bei der Dekration können Sie Ihrer Phantasie freien Lauf lassen: Eine Suppe sieht immer hübsch aus, wenn Sie sie mit etwas feingehackter Frühlingszwiebel oder frischem Koriander garnieren, dunkle Gerichte werden attraktiver durch hübsch verzierte Gurkenscheiben, zum Beispiel in Gestalt einer Blume. Auch die Form der Zutaten sollte Abwechslung bieten, also nicht alles in Streifen schneiden, sondern ein Gericht mit gewürfelten Zutaten wählen und ein anderes, wie z.B. Fisch, im Ganzer zubereiten.

• Planen Sie den Ablauf der Zubereitung möglichst genau. Alles, was sich schon vorher einlegen oder schneiden läßt, sollten Sie vorbereiten und in kleinen Schälchen bereitstellen, damit Sie die Zutaten später nur noch nacheinander in den Wok oder die Pfanne geben müssen. Manche Gerichte wie beispielsweise Suppen können Sie sogar weitgehend vorkochen und später beim Erhitzen nur das Gemüse frisch zugeben.

• Stilecht ist ein chinesisches Essen mit kleinen Porzellanschälchen und Stäbchen. Dennoch sollten Sie Messer und Gabel anbieten, denn nicht jeder kann mit Stäbchen umgehen oder hat Lust, es zu versuchen. Diejenigen, die sich für europäisches Besteck entscheiden, tun sich auch mit einem Teller leichter, denn in den Schalen kann man mit Messer und Gabel nicht gut umgehen. Wenn Sie zu den »Profis« ge-

hören, die mit Stäbchen aus der Schale essen, halten Sie sie relativ hoch und verkürzen so den Weg zum Mund. Das gilt in China nicht als schlechtes Benehmen, sondern als ein Zeichen für gute Bildung, denn es gilt als unfein, die Schale auf dem Tisch zu lassen. Die letzten Reste aus der Schale können Sie mit den Stäbchen in den Mund schieben.

Hier noch einige Beispiele, wie Sie sich und Ihre Freunde mit original chinesischem Essen verwöhnen können.

**Ganz einfach für zwei:**
Nudeln mit Rindfleisch 94
oder Reis mit Ei und Schinken 112,
Seetang-Knoblauch-Suppe 120.

**Menüs für 4 Personen:**
Süß-scharfer Rettich 34
Fleisch mit Gold und Silber 54
Knusprige Ente 57
(evtl. mit Lotuspfannkuchen 102)
Fischklößchensuppe 122
Süßes Yin-Yang-Gelee 132

Sojasprossen mit Paprika 80
Lamm mit Lauch 47
Hühnerwürfel in Sauce 54
Rettichsuppe mit Garnelen 117
Glasierte Äpfel 136

Glasnudelsalat mit Spinat 33
Rindfleisch mit Rettich 42
Fisch süß-sauer 64
Tomaten-Eierblumen-Suppe 124
Klebreis-Kuchen 130

Gebratene scharfe Gurken 29
Glücks-Eierrollen 34
Chinesische Ravioli 104
Walnußcreme 135

**Schnelles Menü für 4 Personen:**
Süß-scharfer Rettich  34
Gedämpfter Fisch 66
Tomaten mit Ei 90
Seetang-Knoblauch-Suppe 120

**Menü für 6 Personen:**
Ähren-Tintenfisch 72
Süß-saures Schweinefleisch 48
Tomaten mit Ei 90
Fritierte Auberginen 77
Sauer-scharfe Suppe 117
Süße Klebreis-Klößchen 129

**Menü für 8 Personen:**
Sojasprossen mit Eistreifen 32
Rindfleisch mit Sellerie 43
Schweinefleisch mit Fischduft 48
Garnelen mit Pilzen 70
Eier mit Fischfleisch 89
Reiskrusten mit Austernpilzen 112
(eventuell auch den Beilagenreis schon
kochen, vorsichtig abnehmen und im
Backofen unter einem feuchten Tuch
warm halten.
Fischklößchensuppe 122
Walnußcreme 135
oder Eis und frisches Obst

**Picknick oder Buffet für 8 Personen:**
Frühlingsrollen 108
(fritiert und kalt serviert)
Kalte Nudeln mit 4 Saucen 98
Tofu mit Frühlingszwiebeln 39
Hühnerfleischsalat 36
Kristall-Garnelen 39
Mu-Err-Pilze mit Bohnen 78
Tomaten-Eierblumen-Suppe 124,
(schmeckt auch kalt gut)
Klebreis-Kuchen 130

**Vegetarische Kombination für zwei:**
Teigtaschen mit Bohnen 107
Suppe mit Milch und Kohl 125
Silbermorchel-Gelee 134

**Vegetarisch für 3–4 Personen:**
Kartoffeln süß-sauer 76
Krümel-Tofu 86
Chinesische Pfannkuchen 100
Nudelsuppe mit fünf Farben 120
Rote Bohnensuppe mit Reis 136

**Vegetarisch für 6–8 Personen:**
Fritierte Auberginen 77
Mu-Err-Pilze mit Bohnen 78
Sojasprossen mit Paprika 80
Sauer-scharfer Weißkohl 81
Tofu Ma-Po-Art 84
Tomaten mit Ei 90
Walnußcreme 134

**Frühlingsmenüs:**
Frühlings-Komposition 89
Duftblüten-Fischscheiben 63
Rindfleisch mit Tomaten 44
Seetang-Knoblauch-Suppe 120
Klebreis-Kuchen 130

Ähren-Tintenfisch 72
Frühlingsrollen 108
Reiskrusten mit Austernpilzen 112
Suppe mit Milch und Kohl 125

**Sommermenüs:**
Glasnudelsalat mit Spinat 33
Tofu mit Frühlingszwiebeln 39
Gedämpfter Fisch 66
Tomaten-Eierblumen-Suppe 124
Silbermorchel-Gelee 134

Kristall-Garnelen 39
Fleisch in Eihülle 52
Mu-Err-Pilze mit Bohnen 78
Fischklößchensuppe 122

**Herbstmenüs:**
Hühnerfleischsalat 36
Fritierte Auberginen 77
Rot fritierte Garnelen 68
Sauer-scharfe Suppe 117
Frisches Obst

Rindfleisch mit Sellerie 43
Zweimal gegarter Tofu 83
Eier mit Fischfleisch 89
Sauer-scharfe Suppe 117

**Wintermenüs:**
Feuerwerksrollen 30
Bunter Feuertopf 118
Laba-Reisbrei 132

Rindfleisch mit Rettich 42
Lamm mit Lauch 47
Sauer-scharfer Weißkohl 81
Seetang-Knoblauch-Suppe 120

**Festessen für 8 Personen:**
Glücks-Eierrollen 34
Gebratene scharfe Gurken 29
Glasnudelsalat mit Spinat 33
Pillen-Klöße 50
Rindfleisch mit Austernsauce 46
Garnelen mit Tomaten 71
Zweimal gegarter Tofu 82
Suppe mit Milch und Kohl 125
Seetang-Knoblauch-Suppe 120
Silbermorchel-Gelee 134

**Menüs für große Feste:**
Frühlingsfest (zwischen Jan. und Feb.):
Süß-scharfer Rettich 34
Glücks-Eierrollen 34
Hühnerfleischsalat 36
Geschmorter Fisch mit Lauch 68
Chinesische Ravioli 104
Frisches Obst (z.B. Mandarinen)

Laternenfest
(der 15. Tag nach dem Frühlingsfest):
Pillen-Klöße 50
Scharf-würziges Hähnchen 56
Gefüllter Fisch 62
Garnelen mit Tomaten 71
Gebratene Wan-Tan 103
Süße Klebreisklößchen 128

Mondfest (zwischen Sept. und Okt.):
Knusprige Ente 57
Fisch süß-sauer 64
Fritierte Auberginen 77
Eier mit fünf Köstlichkeiten 91
Krümel-Tofu 86
Mondkuchen (Asien-Laden),
frisches Obst

# Glossar

**Abalonen:** Seeschneckenart, gibt es bei uns meist nur in Dosen.

**Agar-Agar:** Ein Binde- und Geliermittel, das aus Merresalgen hergestellt wird.

**Algen:** Sie werden in China sowohl zur Gewinnung von →Glutamat und →Agar-Agar verwendet, als auch getrocknet für süße und salzige Speisen.

**Austernsauce:** Ist eine dickflüssige Sauce, die aus →Sojasauce, Austernextrakt und Gewürzen hergestellt wird. Sie wird hauptsächlich für die Zubereitung von Rindfleisch verwendet.

**Bambusdämpfer:** Wichtiges Gerät in der chinesischen Küche, S. 51.

**Bambussprossen:** Die Schößlinge der Bambuspflanze. In China werden sie nach der Erntezeit in Sommer- und Wintersprossen unterteilt, wobei die Wintersprosse als die beste gilt. Bei uns gibt es Bambussprossen fast nur in Dosen zu kaufen.

**Bohnenpaste:** In der chinesischen Küche gibt es drei Bohnenpasten: Die scharfe (La Dou Ban Jiang), aus gelben und schwarzen Bohnen, Knoblauch und Chilischoten, die salzige Bohnenpaste (Tian Mian Jiang, zu kaufen als »süße gemahlene Bohnenpaste – pikante Sauce«) aus gelben Bohnen und Reismehl, die für Peking-Ente und Fleischgerichte verwendet wird, und die süße rote Bohnenpaste (Hong Don Sha) aus roten Bohnen und Zucker, die nur für Nachspeisen verwendet wird (sie ist sehr süß!).

**Cellophannudeln:** → Glasnudeln.

**Chiliöl:** S. 37.

**Chilisauce:** Eine sehr scharfe Sauce auf der Basis von Chilischoten, die zum Kochen, aber auch als Tischwürze verwendet wird.

**Chilischoten:** Sie finden in der chinesischen Küche hauptsächlich in getrockneter Form Verwendung. Beim Zerkleinern kommt die Schärfe mehr zum Vorschein, denn sie sitzt hauptsächlich in den Kernen im Inneren der Schoten.

**Chinakohl:** Der bekannteste asiatische Kohl, auch Peking-Kohl genannt. Ist ideal für Suppen und Fleischgerichte oder als Beilage.

**Chinesische Petersilie:** →Koriander

**Chinesischer Schnittlauch:** Ist mit dem hiesigen Schnittlauch verwandt, aber intensiver im Geschmack, eher knoblauchähnlich. Wird auch Schnittknoblauch genannt.

**Chinesischer weißer Rettich:** Er ist milder als unser Rettich. Wenn Sie ihn nicht bekommen, kaufen Sie möglichst junge Rüben von unserem Rettich.

**Dämpfen:** In ganz China verbreitete schonende Garmethode, S. 51.

**Datteln:** Chinesische Datteln sind rötlich, kleiner und nicht so süß wie die herkömmlichen.

**Essig:** In der chinesischen Küche verwendet man hauptsächlich braunen Essig, der aus Reis hergestellt wird. Der beste ist der milde Essig aus Zhenjiang. Ersetzen können Sie chinesischen Essig am ehesten durch italienischen Aceto balsamico.

**Feuertopf:** Kochgerät in der chinesischen Küche, S. 119.

**Fischsauce:** Salzige, aromatische Sauce zum Würzen.

**Fünf-Gewürz-Pulver:** Eine Gewürzmischung, die meist aus schwarzem Pfeffer, Fenchelsamen, Sternanis, Nelken und Zimt besteht. Je nach Region variiert die Mischung.

**Frühlingszwiebeln:** Die frischen, jungen Zwiebeln sind unentbehrlich in der chinesischen Küche. Sie werden sowohl als Gemüsezutat als auch zum Würzen verwendet.

**Garnelen, getrocknet:** Durch Salzen und Trocknen an der Sonne haltbar gemachte Mini-Garnelen. Die besten sind kräftig rosa.

**Glasnudeln:** Sie werden aus Mungobohnenmehl hergestellt, S. 94.

**Glutamat:** Geschmacksverstärkendes Gewürz aus Algen, Getreide oder Hülsenfrüchten. Die Gerichte in diesem Buch werden ohne Glutamat zubereitet, da viele Menschen allergisch darauf reagieren. Das sogenannte China-Syndrom äußert sich in Kopfschmerzen, Taubheitsgefühlen und Übelkeit.

**Hoisin-Sauce:** Sie ist dickflüssig, süßscharf und wird als Dip verwendet. Hergestellt wird sie aus Sojabohnen, Weizenmehl, Salz, Zucker, Essig, Knoblauch, Chili und Sesamöl.

**Ingwerwurzel:** Ist mit Knoblauch und Lauch das wichtigste Gewürz der chinesischen Küche. In China wird Ingwer in einem Blumentopf mit Sand lange Zeit frisch gehalten, S. 67.

**Klebreis:** Er wird hauptsächlich für Füllungen oder als Hülle verwendet, S. 110.

**Klebreismehl:** Aus Klebreis hergestelltes Mehl, das dem Teig eine gummiartige Konsistenz verleiht.

**Koriander:** Er gehört zu den ältesten Gewürzkräutern und ist in China bereits seit Jahrtausenden bekannt. In der chinesischen Küche werden die frischen Blätter, nicht die Samenfrüchte verwendet.

**Krabbensauce:** Sie wird aus fermentierten Krabben hergestellt und ist ziemlich salzig. Geeignet zum Würzen von Gemüse, Tintenfisch, Garnelen und Suppen.

**Küchenbeil:** In der chinesischen Küche wird damit Fleisch, Fisch und Gemüse geschnitten, gehackt, eingeritzt – das Küchenbeil ist sozusagen ein Allround-Küchengerät, das Sie im Asien-Laden kaufen können.

**Lilienblüten:** Sie werden auch Lilienknospen oder Goldene Nadeln genannt und können getrocknet in Asien-Läden gekauft werden.

**Lotossamen:** Die Samen der Lotospflanze, einer Seerosenart, werden in China hauptsächlich als Dekoration und für die Zubereitung von Süßspeisen, wie zum Beispiel Laba-Reisbrei, verwendet. Besonders beliebt sind sie als süße Paste für verschiedene Füllungen. Getrocknete Lotossamen brauchen eine intensive Vorbereitung, damit sie nicht bitter schmecken. Verwenden Sie also besser Lotossamen aus der Dose.

**Maisstärke:** Sehr feines Maismehl, das zum Fritieren und zum Binden von Saucen verwendet wird.

**Mu-Err-Pilze:** Heißen auch Holzohr-Pilze und sind hübsche, mild-aromatische Pilze, S. 75.

**Pack choi:** Dieses anspruchslose Gemüse ist mit Chinakohl und Mangold verwandt, hat aber einen ganz spezifischen Eigengeschmack.

**Pfannenrühren:** Eine chinesische Gartechnik, bei der das Fleisch und das Gemüse in Wok oder Pfanne unaufhörlich gerührt wird. So bleibt alles zart und knackig.

**Pflaumensauce:** Pikante Tischwürze, die aus Pflaumen, Pfefferschoten, Essig und Salz hergestellt wird.

**Reis:** Er ist für viele Chinesen Hauptnahrungsmittel und wird in verschiedenen Sorten angeboten. Kaufen Sie aber für original chinesische Gerichte möglichst Reis aus dem Asien-Laden, S. 110.

**Reiswein:** Er wird in China heiß oder kalt in kleinen Mengen getrunken und ist eine wichtige Würze in der chinesischen Küche.

**Schinken:** In der chinesischen Küche wird hauptsächlich roh geräucherter Schinken verwendet, der ganz ähnlich wie italienischer oder spanischer Schinken schmeckt.

**Schwalbennester:** Nester einer Seeschwalbenart, die aus Seegras gebaut werden. Eine Delikatesse, die es getrocknet oder in Dosen zu kaufen gibt.

**Schnittknoblauch:** →Chinesischer Schnittlauch.

**Schwammgurken:** Keulenförmiges Kürbisgewächs, wird auch chinesische Okra genannt.

**Schwarze Bohnen:** Schwarze Sojabohnen, die mit Salz und Ingwer gewürzt werden.

**Seegurken:** Mit Seesternen und Seeigeln verwandtes Meerestier, das die Chinesen gerne essen, das aber bei uns wegen seines unappetitlichen Aussehens nicht auf den Speisekarten steht.

**Seetang:** Es gibt grünen und dunkelroten Seetang, beide sind getrocknet erhältlich.

**Sesam:** Es gibt helle und schwarze Sesamsamen. Sie werden in der chinesischen Küche hauptsächlich für die Herstellung von Gebäck verwendet.

**Sesammus:** Es wird aus Sesamsamen hergestellt. Kaufen Sie möglichst Sesammus (Tahin) im Naturkostladen, denn die chinesische Ware, die im Asien-Laden angeboten wird, ist oft schon zu alt bzw. ranzig und schmeckt dadurch sehr bitter.

**Sesamöl:** Wird aus gerösteten Sesamsamen hergestellt und hauptsächlich zum Würzen verwendet, S. 37.

**Shiitake:** →Tongku-Pilze

**Sichuan-Pfeffer:** Häufig wird er auch unter der Bezeichnung Szechuanpfeffer angeboten. Er wächst nicht am Pfefferstrauch, sondern an einem kleinen Baum. Verwendet werden die Blütenknospen aber wie Pfefferkörner.

**Sojabohne:** Eine aus Ostasien stammende Pflanze, die heute weltweit angebaut wird. Aus der Sojabohne werden zahlreiche Produkte der chinesischen Küche gewonnen, so →Tofu, →Sojasprossen, →Glasnudeln und Saucen.

**Sojasauce:** Eine wichtige Würze in der chinesischen Küche. Wird in verschiedenen Sorten angeboten, S. 99.

**Sojasprossen:** Keime der Sojabohne, am besten schmecken sie ganz jung. Sie enthalten viel Protein. Kaufen Sie möglichst Sprossen der grünen Sojabohne (Mungobohne), sie schmecken besser.

**Stäbchen:** In China gibt es sehr lange Holzstäbchen, die zum Kochen und Rühren verwendet werden und die kürzeren Eßstäbchen aus unterschiedlichen Materialien, von unbehandeltem Holz bis hin zu Elfenbein.

**Sternanis:** Ist mit Anis verwandt, schmeckt aber kräftiger und feuriger.

**Tausendjahr-Eier:** Chinesische Spezialität, für die Eier für etwa 100 Tage, in Paste gepackt, in der Erde vergraben werden. Das Eiweiß wird dabei bernsteinfarben, das Eigelb wird grün.

**Tofu:** Er wird aus gestockter Sojamilch gepreßt. Kaufen können Sie Tofu in Asien-Läden, Reformhäusern und Naturkostläden, S. 84.

**Tongku-Pilze:** Sind mit die wichtigsten Pilze der chinesischen Küche, S. 78.

**Wachskürbis:** Wird auch Wintermelone genannt, geschmacklich ähnelt er einem sehr zarten Kohlrabi. Er paßt zu Fleischgerichten und zu Suppen.

**Wasserkastanien:** Wasserkastanien sind die Knollen einer Sumpfpflanze, die unterirdisch an den Wurzeln wachsen. Sie bekommen die Wasserkastanien in Dosen im Asien-Laden.

**Wintermelone:** → Wachskürbis.

**Wok:** Unerläßlich für die ursprüngliche Zubereitung chinesischer Gerichte ist der Wok. Die Zutaten werden meist nacheinander gebraten, denn nur, wenn Sie nicht zuviel auf einmal in den Wok geben, bleibt die Hitze so hoch, daß man wirklich kurzbraten kann.

**Yamswurzel:** Es gibt über 200 verschiedene Arten. In der chinesischen Küche wird sie in erster Linie für Süßspeisen verwendet, da sie reichlich Stärke und Klebereiweiß enthält.

---

**Abkürzungen:**

| | | |
|---|---|---|
| TL | = | Teelöffel |
| EL | = | Eßlöffel |
| Msp. | = | Messerspitze |
| kJ | = | Kilojoule |
| kcal | = | Kilokalorie |

---

Umschlag-Vorderseite: Das Bild zeigt Garnelen mit Tomaten (S. 71).
Die Bilder ohne Bildunterschriften zeigen:
Die Fotos auf S. 4/5: Der Tai-Berg mit Inschriften (oben links), chinesische Mädchen (oben Mitte), typisch chinesische Tempeldächer (oben rechts), Ehrentore entlang eines Reisfeldes (Mitte rechts), ein Verkäufer von Bambusprodukten (unten links), ein Chinese beim Zeitunglesen (unten Mitte) und ein Träger, der im modernen Chongquing auf Kunden wartet (unten rechts). Das Foto auf S. 8/9 zeigt die große Halle in Peking, in der bei einer alljährlichen Prozession um ein gutes Jahr gebeten wird. Das Foto auf der Rückseite zeigt einen Chinesen beim Dämpfen von gefüllten Teigtaschen (Baozi).

## Xiao Hui Wang
(Autorin und Fotografin)
Sie wurde 1957 in Tianjin (China) geboren, studierte in Shanghai Architektur und war an der dortigen Universität als Dozentin tätig. Seit 1986 lebt Xiao Hui Wang in München. Sie unterrichtete an der TU und FH München als Lehrbeauftragte für chinesische Architektur und Gartenbaukunst. Seit mehreren Jahren arbeitet sie als freie Fotografin und Autorin. Neben einigen Foto-Ausstellungen sind viele ihrer Bilder und Texte in Deutschland veröffentlicht worden, darunter drei Fotobände und ein Taschenbuch. Alle Fotos im Inhaltsverzeichnis, im Kapitel »Land und Leute laden ein« und die Fotos bei den Produktinformationen stammen von ihr. Frau Wang ist eine leidenschaftliche Köchin und hat für dieses Buch von ihrer Familie und Freunden bekannte chinesische Rezepte gesammelt.

## Cornelia Schinharl
Sie lebt in der Nähe von München und studierte zunächst Sprachen, bevor sie sich dem Bereich Ernährung zuwandte. Ihr Interesse für kulinarische Themen war schon immer groß und gilt vor allem den vielfältigen Küchen fremder Länder. Nach der fundierten Ausbildung bei einer bekannten Food-Journalistin und einem Praktikum bei einem großen Hamburger Verlag, machte sie sich 1985 als Redakteurin und Autorin selbständig. Es sind seither zahlreiche Bücher von ihr erschienen.

## Michael Brauner
(Food Fotografie)
Michael Brauner absolvierte die Fotoschule in Berlin und arbeitete anschließend als Fotoassistent bei namhaften Fotografen in Deutschland und Frankreich. Nachdem er sich nach einer Assistentenzeit in fünf Berufsjahren auf das Thema Food spezialisiert hatte, machte er sich 1984 selbständig. Sein individueller, atmosphärereicher Stil ist sehr geschätzt, und viele bekannte Werbeagenturen und Verlage gehören zu seinem Kundenstamm. In seinen Studios in Karlsruhe, München und Cordes (Provence) setzt er die Rezepte für viele Bücher der Reihe Küchen der Welt stimmungsvoll ins Bild.

## Heike Czygan
war schon immer von Asien und insbesondere von China fasziniert.
Sie studierte vier Jahre Sinologie und verbrachte mehrere Monate in China. Dieser Aufenthalt brachte ihr die Sumi-e-Malerei näher. In München machte sie eine Ausbildung für Grafik und Design, heute ist sie als Illustratorin und Grafikerin bei einem bekannten Münchener Verlag tätig.
Die Illustrationen in diesem Buch sind in der über 1000 Jahre alten Tradition der Sumi-e-Malerei entstanden, der typisch chinesischen Tuschmalerei.

## Hui Lin Xü  (Kalligrafin)
Sie wurde 1921 in Jiangsu (China) geboren, war lange Zeit Professorin der Musikhochschule und Verfasserin mehrerer Musikstücke unter anderem für Oper und Ballett. Heute lebt sie in Tianjin und arbeitet häufig als Kalligrafin.

## Dankeschön
Ein herzliches Dankeschön Herrn John Wate, der Frau Wang beratend zur Seite stand.

## Bildnachweis
Titelbild und Rezeptfotos: Michael Brauner, Food Fotografie; Die Fotos im Inhaltsverzeichnis, im Kapitel »Land und Leute laden ein...« und die Fotos der Produktinformationen wurden von Xiao Hui Wang auf mehreren China-Reisen gemacht.
Das Produktfoto auf S. 80 stammt von Michael Brauner.

Die Deutsche Bibliothek – CIP-Einheitsaufnahme
China: Originalrezepte und Interessantes über Land und Leute
Xiao Hui Wang, Cornelia Schinharl.
München: Gräfe und Unzer, 1993
ISBN 3-7742-1673-8
NE: Wang Xiao Hui/Schinharl Cornelia

1. Auflage 1993
© Gräfe und Unzer Verlag GmbH, München

Redaktion: Dr. Stephanie von Werz-Kovacs und Birgit Rademacker
Lektorat: Katharina Lisson
Versuchsküche: Ursula Eicher, Doris Leitner, Marianne Obermayr
Illustrationen: Heike Czygan
Gesamtherstellung: BuchHaus.Kraxenberger.Gigler.GmbH
Gestaltung: Konstantin Kern
Kartografie: Huber
Reproduktionen: Fotolito Longo, Bozen
Druck und Bindung: Mondadori, Verona

ISBN 3-7742-1673-8